나만 몰랐던

수업
비밀

27

나만 몰랐던
수업
비밀
27

나는 왜 수업이 힘들까?
내일 당장 수업에 자신감이 생기는 수업의 법칙

김대권 지음

지식프레임

내일 당장 수업에 자신감이 생기는 수업의 법칙

들어가는 글

"선생님, 요즘 수업은 어떠신가요?"

코로나 이전에 만나는 선생님들께 많이 여쭤보았던 질문 중 하나이다. 하지만 2024년 지금, 선뜻 이 질문을 하기가 쉽지 않다.

지금 학교에서는 많은 선생님들이 학부모 민원과 교실에서의 수업 방해 학생 때문에 시달리고 있다. 수업이 학생들과 교사에게 가장 중요한 요소지만, 정작 수업의 본질과 준비에 시간을 쏟을 만한 여유가 없다. 당장 닥친 큰 문제들을 해결하다 보면 수업에 대한 연구와 준비는 잠시 뒤로 미룰 수밖에 없는 현실이다.

2005년부터 시작한 교사들을 위한 강의가 이제 20년 가까이 되었다. 깊이 있는 수업과 수업의 메커니즘을 분석해 보고 싶었던 마음은 외국 학교 탐방, 해외 교육 연수 참여, 유학, 교육공학 박사 학위 취득, 여러 수업 연구회 참여 및 운영, 수업 컨설팅, 학회지 논문 발표, 온라인 교육 콘텐츠 개발, 도서 출판, 수업 교구 개발 등 여러 경험으로 이어졌다. 이러한 과정에서 공통적으로 매우 중요하게 확인했던 부분이 '참여형 수업'이다.

변동과 복잡성이 예상되는 미래 사회에 대응할 수 있도록 학생의 기본 역량과 변화 대응력을 함양하는 학생 주도의 수업 활성화가 필요하고, 삶과 연계한 '깊이 있는 학습'을 위해서라도 참여형 수업은 반드시 필요하다. 〈2022 개정 교육과정 총론〉(교육부, 2022)에서도 '학교는 학생들이 수업에 능동적으로 참여하고 학습의 즐거움을 경험할 수 있도록 교수·학습을 설계하여 운영한다. 학습 주제에서 다루는 탐구 질문에 관심과 호기심을 가지고 스스로 문제를 해결하는 학생 참여형 수업을 활성화하며, 토의·토론 학습을 통해 자신의 생각을 표현하는 기회를 가질 수 있도록 한다.'고 구체적으로 강조하고 있다.

그렇다면 참여형 수업은 학교에서 왜 실천하기 어려운 것일까?

참여형 학습이 학교에 새로 유입되면 기존의 전통 수업 방식을 침범하며 수업 생태계의 균형을 깨는 현상이 일어난다. 그러다 보니 참여형 학습을 방해하는 요소들이 한두 가지가 아니다. 이런 방해 요소들은 동기 부여된 교사들의 참여형 학습 실천을 끝까지 수용하지 못하게 함으로써 결국 과거의 수업 방식으로 돌아가게 하는 회귀 요인이 된다.

또한 참여형 수업을 몇 회에 걸쳐 시행해 보면 학생들에게 사회적 기술 훈련이 되지 않아 모둠 구조 진행 시 발생하는 갈등과 문제점이 많다. 교사 입장에서는 실천하면 할수록 복잡하고 힘들다는 이미지가 쌓여가니 이를 지속하기가 힘겨워진다.

현재 초등학교 교사들이 가장 선호하는 모둠 구성 방식은 학생들의 공정성을 고려한 뽑기 방식이다. 누가 짝이 될지 모르는 구조이다. 하지만 이런 모둠 구성은 '분위기가 좋지 않은 모둠'을 지속적으로 재생산해 내는 악순환으로 이어질 뿐이다.

참여형 수업을 진행하면 혼자서 모든 것을 다 하려는 학생, 또는 아예 아무것도 하지 않는 학생이 늘 발견된다. 이견 조율을 제대로 못 하는 모둠에서는 매번 진행이 끊기는 현상도 발생한다. 교사가 다양한 방식을 적용해 참여형 수업을 진행하려 해도 학생들의 마음에 협동하고자 하는 의지가 없다면 제대로 된 참여형 학습이 이루어지기 어렵다.

참여형 수업을 실천해 보면 이를 실현하기에 적절하지 않은 우리나라 교실 환경과도 직면하게 된다. 학생 수나 모둠 인원수가 적절하지 않거나 비용이 많이 드는 물품을 구입하기도 번거롭다. 학습 구조의 변화로 수업 중에 무거운 책상을 수시로 옮기거나 활동할 수 있는 넓은 공간이 없는 것도 학생과 교사 모두에게 부담이다. 참여형 학습에 적합한 초등학교 교실 환경을 만드는 노력은 여전히 요구된다.

끝으로, 수업을 잘하는 교사가 인정받기보다는 업무를 잘해야 인정받는 학교 문화는 무엇보다 마음을 아프게 한다. 그런 이유로 교사가 수업에 온전히 집중하기 힘든 점도 불편한 현실이다.

입시가 강조되는 우리나라에서 참여형 수업이 쉽지 않다는 것은 교사들도 이미 잘 안다. 부모들이 원하는 학습 결과에 대한 부담감, 많은 준비 시간에 비해 빠른 결과가 드러나지 않는 참여형 수업에 회의감이 들 수밖에 없다. 그럼에도 참여형 수업이 학생들의 성장을 제대로 이끌고 필요한 수업 방식이라는 점은 누구나 이해하고 동의한다.

필자가 참여형 수업이 학교 현장에서 제대로 자리 잡지 못하는 이유를 연구하게 된 이유는 다음과 같은데, 이는 곧 이 책의 집필 동기이기도 하다.

첫째, 소란스럽고 장난을 심하게 하며 떠드는 등 규칙을 지키지 않는 교실 상황에 교사는 더 이상 노출되고 싶어 하지 않는다. 그래서 이 책에서는 수업에서 규칙을 지키지 않고 어려움을 발생시키는 학생들을 위한 효율적인 사회적 기술 적용 방법을 제시하고 있다. 특히 '인식적 행동 변화 훈육(Conscious discipline)'은 우리나라에 처음 소개되는 부분이기도 하다. 쉽게 적용할 수 있는 법칙들을 통해 학생들과의 수업이 한결 편해질 것이라 믿는다.

둘째, 수업 방법 면에서 효율성 있고 검증된 수업 구조들을 발견하지 못해 힘들어하는 교사들을 많이 보았다. 매번 하는 동일한 수업 방식에 교사도 학생도 힘들어하지만 그렇다고 막상 새로운 방법을 익히는 데 시간과 에너지를 투자하기란 쉽지 않다. 그래서 가능하면 짧은 시간에 효율적으로 적용할 수 있는 새로운 수업 방법들을 이 책에서 제시하고자 했다.

마지막으로, 수업에 참여할 마음이 없는 학생들이 생각보다 교실에 많다는 점이다. 그렇다면 '하려고 하는 의지가 없는 학생들'을 어떻게 하면 수업에 더 집중하고 참여하게 할 수 있을까? 학생들이 힘들어하는 수업에는 각각의 다양한 원인이 존재한다. 그 원인을 해결하기 위해 우리가 모르고 있었던 수업 법칙과 구체적인 적용 방법을 소개하고자 했다.

간단한 교육 심리 이론과 교육 법칙들만 머릿속에 담고 있어도 수업의 방향성은 제대로 잡을 수 있다. 많은 선생님들의 '왜 나는 수업이 이렇게 어려운 것일까?' 하는 고민이 이 책을 통해 '수업을 이렇게 재미있고 편하게 할 수도 있구나!'로 바뀔 수 있기를 바란다. 이 책이 나오기까지 함께 고민해 주신 신예은, 박윤서 선생님께 특별히 감사드린다. 정신없이 바쁜 와중에 책을 낼 수 있다는 것만으로도 하나님의 은혜라고 감히 말하고 싶다.

But by the grace of God I am what I am, and his grace to me was not without effect. No, I worked harder than all of them — yet not I, but the grace of God that was with me.

Contents

들어가는 글   005

이 책을 읽기 전에 – 다시, 좋은 수업을 생각하다   012

Part 1 답답한 고민을 뻥 뚫어주는 수업 원리

01 수업 시간에 집중하지 않아요 | 메라비언의 법칙   027

02 학습지가 쓰레기통에 버려져요 | 이케아 효과   034

03 활동에 제대로 참여하지 않아요 | 프레이밍 효과   042

04 모둠에서 무임승차하는 아이들이 있어요 | 링겔만 효과   050

05 학습 내용을 기억하지 못해요 | 자이가르닉 효과   057

06 수업 규칙을 지키지 않아요 | 떠벌림 효과   071

07 잔소리를 줄이고 싶어요 | 넛지 효과   080

08 숙제를 해오지 않아요 | 데드라인 효과   088

Part 2 내일 당장 써먹는 새로운 수업 방법

09 협력 수업 | 동그라미 또래 교사, 동의의 다섯 손가락   099

10 브레인스토밍 수업 | 브레인스토밍 패치워크, 외로운 종이 하나   107

11 발견하기 학습 | 규칙을 찾아라, 관찰 노트 테이킹   117

12 생각 나누기 | 말하기 여권, 쪽지 떼어내기   127

13 목적 달성을 도와주는 촉진제 | 퍼실리테이션   134

14 독서 질문 수업 | 티키타카 질문카드, 톡톡 질문카드   141

Part 3 학생을 알면 수업이 보인다!

15 센스 있는 모둠 구성을 위한 학생 검사 │ 조하리의 창   161

16 5가지 사랑의 언어로 학생 파악하기 │ 5가지 사랑의 언어   174

17 문제행동 뒤에 숨어 있는 욕구 분석하기 │ 매슬로우 욕구 위계   187

Part 4 걱정 끝! 수업 방해 해결하기

18 자기조절을 못 하고 충동적으로 행동해요 │ 인식적 행동 변화 훈육   203

19 학생들이 자주 문제행동을 일으켜요 │ 원원 훈련   210

20 수업 중에 유독 힘든 학생이 있어요 │ 2×10 법칙   220

21 수업 방해 해결을 위한 훈육 이론의 핵심   228

Part 5 수업을 변화시키는 환경 만들기

22 사소한 무질서 바로잡기 │ 깨진 유리창의 법칙   243

23 반복 노출로 학습 내용을 친숙하게 만들기 │ 에펠탑 효과   251

24 부정적 행동을 긍정적 행동으로 유도하기 │ 라벨링 효과   258

25 긍정 마인드와 자신감 심어주기 │ 플라시보 효과   266

26 산만한 교실 환경 정돈하기 │ 아이젠하워 매트릭스   273

27 습관 바꾸기 │ 좋은 습관을 만드는 효과적인 방법   283

다시, 좋은 수업을 생각하다

2020년 초 확산된 코로나19로 우리 사회는 문화, 경제 등 전 영역에서 많은 혼란과 다양한 유형의 문제점을 마주했으며 교육 분야 역시 예외는 아니었다. 특히 전 세계 학생들이 정상적으로 등교하기가 어려워지면서 학교 교육에 많은 영향을 미쳤다.

안타깝게도 오늘날 학교는 학부모 민원과 지도하기 어려운 학생들을 대처하는 일이 좋은 수업을 준비하는 것보다 더 큰 이슈가 되어 몸살을 앓고 있다. 그럼에도 코로나19 이후 변화된 교육 현장에서 '좋은 수업'이 갖는 의미는 다시 한번 살펴볼 필요가 있다고 본다. 수업은 여전히 교육의 중심이고, 교사와 학생의 좋은 수업에 대한 인식이 어떠한지를 종합적으로 논의하는 일은 교육의 새로운 방향을 모색하는 시발점이기 때문이다.

국내외 학자들에 의해 '좋은 수업'의 의미는 다양하게 정의되고 있으며, 학자별로 제시한 내용을 정리해 보면 다음과 같다.

구분	연구자	'좋은 수업'의 의미와 특성
국외 연구	Brophy & Potter (1987)	– 전문적 지식에 기반을 둔 사려 깊은 실천(thoughtful practice) – 학생에게 메타인지 전략을 가르치는 수업 – 학생에게 다양한 수준의 학습 목표를 제시하는 수업 – 다른 교과 영역과 통합적 학습 경험을 제공하는 수업
	Zemelman, Daniels, & Hyde (1998)	– 학습자 중심 수업, 경험적 수업, 실제적 수업(authentic), 총체적(holistic) 수업, 다양한 표현(expressive)이 가능한 수업 – 사회적(social) 수업, 협동 수업, 인지적(cognitive) 수업, 구성주의적 수업, 도전적(challenging) 수업
	Zimitat (2006)	– 가르치는 사람이 설명을 잘 해주는 것 – 교과목에 대해 열정을 가지고 있는 것 – 유용한 피드백을 제공해 주는 것
	Borich (2011)	수업의 명료성, 수업 방법의 다양성, 과업 지향적인 수업, 학습자의 적극적인 수업 참여, 학습에서의 성공, 학습자의 견해와 기여를 활용하는 수업, 체계화된 요약 및 정리, 수업 내용 및 학습 과정에 관한 질문, 심화 및 구체화 진술, 교사의 태도, 학습자와의 관계
국내 연구	서경혜, 유신영 (2004)	– 학생에게 교과 내용을 명확하고 효과적으로 전달해 주는 수업 – 학생들의 현재 수준보다 높은 수준으로 재구성해 주는 수업 – 교사와 학생 간의 상호작용을 통해 신뢰를 쌓아가는 수업 – 의도한 수업 목표를 성취하는 수업
	권나윤, 박신영 (2017)	– 교사가 효율적인 수업 자료를 준비하고 일상생활과 관련되고 고차원적 사고 개발에 필요한 교육 내용으로 구성하는 수업 – 교사와 학생 간의 신뢰하고 존중하는 민주적인 분위기 속에서 학생들의 사고를 확장하고 평가하는 수업
	성병창, 김달효 (2020)	– 교수자–학생 간의 공감, 진정성, 존중, 돌봄의 긴밀한 유대 관계, 교수자–학생 간의 관계 회복, 격려, 깨달음, 사고력 증진 – 교육적 의미의 실현, 교육적 가치의 추구
	박금주 (2022)	– 학습 동기를 부여하고 정확한 수업 내용을 전달하여 학습 목표를 달성할 수 있는 수업 – 학생 눈높이에 맞추고, 재미있고, 집중이 잘 되는 수업

좋은 수업을 하나의 획일화된 개념으로 정의하기는 어렵다. 다만 앞의 연구를 종합적으로 살펴보면, 좋은 수업이란 "학습자 중심의 관점, 교수자와 학습자 간의 상호작용, 학습자의 능동적이고 적극적인 참여, 교수자와 학습자를 모두 만족시키는 수업"을 공통적인 특징으로 추구한다.

2022년 봄, 필자는 초·중등학교에 재직 중인 교사 10명과 5~6학년 학생 10명을 대상으로 좋은 수업에 대해 심층 면접을 진행했고, 그 결과를 통계 계산과 그래픽 프로그램 언어인 R을 활용해 핵심 단어 도출과 출현 빈도 분석 등 텍스트 마이닝을 진행하여 정리해 보았다. 조사 내용은 '코로나 이후 좋은 수업에 대한 생각, 좋은 수업을 위한 노력, 좋은 수업이라고 생각하는 방식이나 활동, 교사와 학생에게 요구되는 수업 준비 및 자세(태도)' 등 총 네 가지 영역으로 나누어 진행하였다.

1. 좋은 수업에 대한 생각

교사의 생각 학습자와 상호작용이 활발한 수업, 학생이 부족할 때 옆에서 무언가를 제공해 줄 수 있는 수업, 교사가 아닌 학생이 중심이 되는 수업, 학생의 자기 주도적 학습 능력을 키워주는 수업, 학생이 지루해하지 않고 수업에 몰입할 수 있으며, 학생들이 수업을 통해 내적 동기가 원활하게 유발되도록 노력하는 것

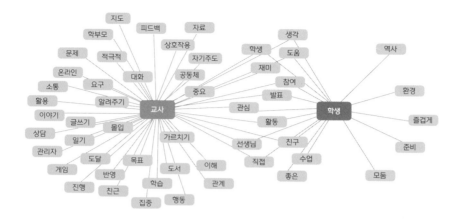

좋은 수업에 대한 교사와 학생의 생각

"코로나 이전에도 그랬지만 수업의 가장 큰 목적은 학습이 실제로 일어나는 것에 있다고 생각합니다. 그래서 코로나 이후에도 아이들에게 실제로 학습이 이루어지는 수업이 좋은 수업이라고 생각합니다. 그런데 코로나가 진행되면서 내적 학습 동기가 없는 학습자들의 경우에 학습의 성취도가 굉장히 떨어졌습니다. 그래서 자기 주도적 학습 능력이 많이 중요해졌다고 생각하고 있습니다." (교사 김○형)

학생의 생각 다양한 활동을 하는 수업, 학생 스스로 새로운 지식을 찾고 발표하는 수업, 학생들 눈높이에 맞춘 수업, 학생과 소통하는 수업, 학생들이 잘 따르는 수업, 학생과 교사가 모두 참석하고 즐겁게 하는 수업

"교과서에만 너무 집중하지 않고 친구들과 같이 활동하면서 수업하는 것이 가장 좋은 수업이라고 생각해요. 교과서만 펴는 것이 아니라 배워야 할 내용을 다양한 활동으로 하고 싶어요"(학생 김○민)

2. 좋은 수업이라고 생각하는 활동과 방식

교사의 생각 의견 나누기와 모둠 학습을 어려워하는 학생들을 위한 독서 토론 수업, PBL 등 학생들의 학습 동기를 더 잘 유발하는 활동, 학생들이 직접 수업을 구성하고 방향성을 정할 수 있는 활동, 학생 중심적으로 아이들이 주도적으로 할 수 있으며 소외되는 학생이 없는 활동, 코로나19로 떨어진 학생들의 문해력(literacy)과 자기주도학습 능력을 키워주기 위해 노력하는 것

"학생이 주도적으로 할 수 있는 그런 형태의 학습 모형이라면 저는 다 좋을 것 같아요. 사실 주제에 따라 또 학습 모형들이 많이 달라지잖아요. 그래서 뭐가 좋고 안 좋다고 이야기하기보다는 학습 주제에 따라 적합한 모형을 설정하는 게 좋을 것 같아요."(교사 김○주)

"미디어를 많이 사용하다 보니 집중력을 끝까지 유지해서 문장을 해석하는 능력이 부족하다고 생각되어 독서를 선택했어요. 자기 수준에 맞는 책을 읽거나 같은 책을 함께 읽은 다음에 포스트잇 같은 것

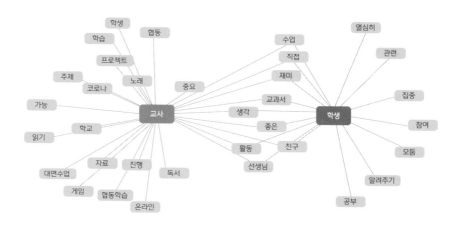

좋은 수업이라고 생각하는 활동과 방식

을 활용해서 그 내용에 대한 질문을 서로 해보고요. (중략) 발표나 토론을 하면 훨씬 잘 이해하고 다 알고 있는데 앉아서 책을 읽고 내용을 파악하는 게 약간 집중력이 떨어진다는 생각이 들어서 그걸 훈련하고 있습니다." (교사 김○형)

학생의 생각 친구들끼리 모여서 의견을 나누고 하나의 문제 상황을 해결하는 활동, 직접 체험하거나 바로 사용할 수 있는 것을 배우는 수업, 다 같이 협동해서 문제를 해결하는 수업 등 학생들이 수업에 같이 참여하여 학생이 중심이 되는 활동

"다 같이 협동해서 문제를 해결하는 수업이요. 선생님이 주신 미션

을 모둠별로 같이 확인하거나 퀴즈로 풀거나 공부한 내용을 확인하는 게임을 하는 활동이 좋아요. 교과서로만 하면 조금 지루한 생각이 들기도 하는데 선생님이 공부와 관련된 재미있는 사실을 알려주셔도 좋아요." (학생 장○희)

3. 좋은 수업을 위한 노력

교사의 생각 학생들이 많이 참여할 수 있도록 고려하고 또 어떤 교구를 사용하면 좋을지 연구하며, 전문적 학습 공동체 등에 참여하여 타교사들과 의견을 나누는 등 학생 중심 수업이 이루어지도록 다양한 활

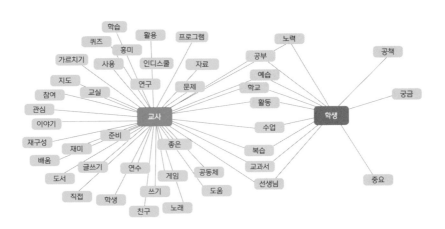

좋은 수업을 위해 필요한 노력

동을 발굴하는 노력

"수업이라는 것이 재미만 있어서는 좋은 수업이 아니잖아요. 성취도를 높여주면서 아이들이 더 공부하고 싶어서 할 수 있는 방법이 무엇일까에 대한 이야기를 교육 공동체에서 가장 많이 하고요. 연수를 받으러 가기도 하고 그렇게 정보를 좀 얻는 것 같아요."(교사 김○형)

학생의 생각 공부할 내용을 미리 예습하고, 선생님의 수업과 다른 학생들의 발표를 경청하는 등 수업에 적극적으로 참여하는 것

"공부할 내용을 먼저 집에서 예습해요. 그리고 수업 시간에는 선생님이 하시는 말씀을 잘 들으려고 노력해요. 수업 시간에 모르는 것이 생기면 손을 들고 꼭 질문하고 만약에 기회가 없으면 쉬는 시간에 여쭤봐요."(학생 장○희)

4. 교사와 학생에게 요구되는 수업 준비와 태도

교사의 생각 학생들이 배우고 싶다는 마음가짐을 갖도록 해주는 것과 수업에 사용되는 기기 혹은 교구 등 원활한 수업 진행을 위한 준비, 학생들에게는 예습과 복습이 중요함

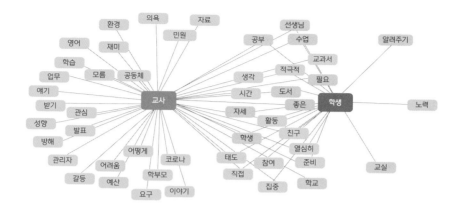

교사와 학생에게 요구되는 수업 준비와 태도

"다음에 우리가 배울 것은 무엇인지 알려주고, 배울 게 무엇인지 정도는 전날 미리 확인하고 오도록 해요. 내가 뭘 배우겠구나 미리 인지하고 앉아 있는 것과 아무 생각 없이 그냥 앉아 있는 건 다르기 때문이죠. (중략) 학생들이 배울 학습에 대해서 미리 알고 생각할 수 있도록 '오늘 이런 수업을 하겠다', '재미있겠다'라고 항상 공지를 하는 편이에요."(교사 전○현)

학생의 생각 교과서로 수업하고 문제를 푸는 활동보다 학생이 직접 경험할 수 있는 수업을 구성하는 것, TV 배치 등 교실 환경

"전 학교에서는 교과서 펴고 수업하고 문제 풀고 시험만 치고 그

랬거든요. 근데 그렇게 하면 오히려 학생들의 머리에 안 들어오는 것 같고, 직접 경험을 해보는 게 제일 좋다고 생각해요. 선생님들께서 그런 활동들을 많이 준비했으면 좋겠어요. 또 교실 환경이 깨끗해야 공부가 잘될 것 같기도 하고, TV도 보이게 하고, 조금 그런 것들을 배려하기 위해 배치를 잘 생각해야 학생들에게 더 도움이 될 것 같아요."
(학생 김○은)

조사 내용을 잘 살펴보면 좋은 수업의 본질은 크게 변하지 않은 것 같다.

교사가 생각하는 '좋은 수업'이란 학생의 자기주도학습 능력을 키워주는 수업이었다. 교사들은 내적 학습 동기가 없는 학습자들의 경우 학업 성취도가 매우 떨어지고 코로나19를 계기로 자기주도학습 능력이 더욱 중요해졌다고 생각했다. 특히 코로나 이후로 미디어에 많이 노출되어 있는 학생들의 어휘력 및 문해력이 과거에 비해 많이 떨어졌음을 느끼고 독서 교육 등의 중요성에 대한 인식을 갖고 있었다.

또한 교사와 학생 간 소통과 상호작용이 활발한 수업이 좋은 수업의 특징이라는 점은 변함없이 이어지고 있었다. 교사가 단순히 지식을 전달하는 수업보다 학생과 대화하고 학생이 직접 참여하는 수업이 학생들의 학습 동기를 더 잘 유발한다는 믿음도 변함없었다.

학생들은 선생님, 친구들과 상호작용이 활발한 수업을 '좋은 수업'으로 인식했다. 학생들 역시 수업을 같이 듣는 친구들이나 선생님과의 상호작용을 중요하게 생각했고, 소통하는 수업일수록 집중이 잘 되고 이해도도 높아지는 경험을 갖고 있었다. 또한 교과서로 하는 수업보다 다양한 기구(교구)를 만지고 체험하는 수업을 선호하였으며, 직접 경험을 통한 학습이 교과서로 배우는 것보다 집중이 더 잘된다고 하였다. 궁금한 것에 대해 학생들이 직접 조사하고 발표하는 수업을 원하기도 했다. 마지막으로, 친구들과 협동해서 문제를 해결하는 수업을 좋은 수업으로 인식하고 있었는데, 이런 수업은 친구들과 같이 의견을 나눌 수 있어서 좋다는 의견이 있는 반면에 같이 하는 친구들이 적극적으로 참여를 하지 않아 힘들다는 의견도 있었다.

교사와 학생이 공통으로 생각하는 좋은 수업에 대한 첫 번째 특징은 교사와 학생 간의 활발한 상호작용이었다. 상호작용이 많아지면 여러 갈등 상황, 소란함, 그리고 일부 소외되는 학생들의 문제가 나타나기도 한다. 그렇다고 다시 예전의 전통 수업 방식으로 회귀하는 것은 바람직하지 않다. 좋은 수업을 위해서라면 힘이 들더라도 상호작용에 따른 문제점을 해결할 수 있도록 힘써야 한다.

두 번째 공통적인 특징은 좋은 수업은 남이 시켜서가 아닌 학생 스스로 공부하고 싶은 마음이 들도록 하는 수업이라는 점이다. 여러 교육 심리학과 교실 수업의 법칙을 이해하는 것은 이를 조금 더 수월하게 도울 수 있을 것이다. 이 책에서 소개하는 수업 원리들을 깊이 이해하면서 힌트를 얻을 수 있기를 바란다.

마지막으로, 교사와 학생 모두 실제 사회 문제 등을 다루어 적용할 수 있는 문제중심학습(PBL)이 좋은 수업 중 하나의 방법으로 나타났다. 이는 학생들이 배우고 싶어 하는 내용은 실제 학생들이 살아가는 삶에서 마주하는 문제들과 관련된 것들이고 실제 우리가 살아가는 사회의 모습을 그대로 반영한 실제적(authentic) 수업에 대한 요구라고도 볼 수 있다. 즉 일상생활 속에서 접할 수 있는 다양한 문제 상황을 해결할 수 있도록 기회를 부여함으로써 학생들의 학습 동기와 학습 효과를 높일 수 있다는 것이다.

코로나 이후라고 해서 교사와 학생이 인지하는 좋은 수업의 본질이 크게 변한 것은 아니다. 교사는 학생들의 수업에 대한 의견을 수렴하여 수업에 반영하는 등 학생 중심 교육이 이루어지도록 노력해야 한다는 점, 학생은 수업에 적극적으로 참여하고 친구들, 선생님과 적극적으로 소통하는 등의 노력을 해야 함을 인지하고 있다. 다만 이를 이행하기 위해 그동안 많은 장애물을 경험하면서 교사와 학생 모두 지쳐 있거나 포기한 부분도 많았다는 점을 조사를 통해 알 수 있었다. 이 책이 좋은 수업에 대한 여러 관점이 실현되는 것을 돕는 소중한 자료가 되길 바란다.

한 번 알면 편해찌는 수업 원리

Part 1
답답한 고민을
뻥 뚫어주는
수업 원리

01

수업 시간에
집중하지 않아요

메라비언의 법칙 : 아이들을 사로잡는 교사의 몸짓

수업을 생각하면 늘 머리가 지끈거린다. 내가 꿈꾸었던 수업과 실제 수업이 너무 다르기 때문이다. 학교에서 만나는 아이들과의 생활은 즐겁고 유쾌하지만, 수업 시간만 되면 지루해하는 아이들 모습이 나를 당황케 한다. 눈을 껌뻑이며 억지로 졸음을 참는 아이, 칠판을 보고 있지만 생각은 다른 곳에 가 있는 아이, 필기할 시간도 아닌데 계속 무언가를 교과서에 적고 있는 아이. 대부분의 아이들이 수업 시간 내내 다양한 모습으로 '지루해'라는 신호를 보낸다.

그런데 옆 반 아이들은 눈을 반짝이며 선생님의 수업에 열정적으로 참여하는 것처럼 보인다. 분명 동학년 회의를 하면서 나누었던 같은 과목, 같은 차시의 수업인데 말이다. 옆 반 선생님의 수업 방식도 나와 크게 다르지 않은 것 같은데 우리 반 아이들과 어쩌면 이렇게 반응이 다를 수 있을까?

우리 반 아이들도 내 수업을 재밌게 듣고 적극적으로 참여했으면 좋겠다는 생각을 늘 했다. 그래서 열정을 다해 수업 연구를 했다. 아이들이 좋아할 만한 여러 묘안도 찾았다. 다양한 교구를 구매하고, 화려한 PPT를 50페이지나 만들고 재밌어 보이는 사진까지 다 넣었다. 이제 아이들이 나의 열정적인 수업에 눈을 반짝이며 집중하고 너도나도 손을 들고 발표할 것이라 기대했다. 하지만 그렇게 수업을 준비한 날도 아주 잠깐 동안만 아이들에게서 기대했던 모습을 보았을 뿐이다. 그것도 반짝이는 눈이 향한 곳은 내가 아닌 TV 화면과 컬러풀한 교구였다. 심지어 그런 모습도 20분을 채 넘기지 못했다. 결국 뾰족한 묘수라고 생각했던 PPT와 교구도 큰 대안이 되지는 못했다. 초반에는 흥미를 느끼는 듯했으나 이내 수업을 지루해하는 아이들이 생겨났다. 수업 준비를 정말 열심히 했는데도, 왜 아이들은 내 수업을 지루해하는 것일까?

교사의 몸짓이 아이들의 집중을 이끈다

수업에 대한 고민이 꼬리를 물어 마음이 불편해질 즈음, 동료 장학으로 수업 참관 기회가 생겼다. 학생들의 반응이 좋은 옆 반 선생님의 수업 비법을 알고 싶었다. 유심히 관찰하면서 나와 다른 점을 적어보았다.

1 수업 내내 미소를 띠고 있다.
2 설명할 때 손을 많이 움직인다.
3 목소리의 높낮이가 있다.

수업 내용과 자료는 비슷했지만 세 가지가 나와 다른 점이었다. 대단하게 특별한 것도 아니어서 조금은 실망스러웠다. 그럼에도 '아이들은 내용 자체보다도 선생님의 몸짓을 보는 건가?' 싶어서 우리 반 수업에서도 적용해 보기로 했다.

수업 준비를 할 때 PPT 만드는 시간을 조금 줄이고 거울을 보며 방긋 웃는 연습을 해보았다. 처음에는 어색했지만 몇 번 하다 보니 익숙해졌다. 수업 시간 중에는 컴퓨터 앞에서 마우스 포인터를 클릭하느라 항상 앉아 있었는데, 이번에는 자리에서 일어나 수업을 진행했다. 괜스레 칠판 앞을 왔다갔다 하며 아이들과 눈을 마주쳤다. 굳이 손을 움직이며 설명할 필요는 없어 항상 차렷자세로 있었는데, 이번에는 약간 과장되게 손짓을 들어 보이며 설명해 보았다. 신기하게도 아이들의 눈빛이 아주 조금은 달라 보였다.

어색함을 견디며 애쓴 지 한 달, 달라진 나의 모습을 아이들도 알아챘는지 처음에는 나를 유심히 지켜보는 듯했다. 점차 아이들이 머리를 끄덕이는 횟수가 늘어나더니 '지루해 죽겠다'던 눈빛이 어느새 초롱초롱해졌다. 집중하는 듯 수업에 빠져드는 아이들의 모습을 보며 뿌듯한 순간들이 생겼다. 수업 내용만 열심히 준비하면 되는 줄 알았는데, 도대체 '미소'와 '손짓'에는 어떤 비밀이 있는 것일까?

수업의 몰입을 높여주는 비밀, 메라비언의 법칙

소개팅에서 처음 만난 상대와 대화를 나눌 때를 떠올려보자. 상대가 자신의 즐거웠던 여행 경험을 이야기하면서 경직된 표정과 자세, 딱딱하고 단조로운 목소리로 말한다면 그 이야기에 흥미가 생기지 않을 것이다. 반대로 즐거운 표정으로 손짓도 해가며 이야기하면 감정이 더 잘 전달되어 호감도가 올라갈 가능성이 높다. 이처럼 수업에서도 교사가 전달하는 내용 외에 수업의 몰입에 영향을 미치는 요소들이 있다.

캘리포니아 대학교의 심리학과 명예교수 앨버트 메라비언(Albert Mehrabian)은 면대면 소통을 구성하는 3가지 요소를 언어적 요소(Verbal), 청각적 요소(Vocal), 시각적 요소(Visual)라는 3V로 제시했다. 언어적 요소에는 어휘 선택과 메시지가 해당하고, 청각적 요소에는 목소리의 높낮이, 톤, 강약 조절이 있다. 그리고 시각적 요소에는 보디랭귀지와 표정, 제스처가 포함된다. 메라비언에 따르면, 이 세 가지 요소 중에서 사람의 인상과 호감도를 결정하는 데에는 언어적 요소가 7%, 청각적 요소가 38%, 시각적 요소가 55%의 영향력을 미친다.

이는 수업에서도 마찬가지로 적용될 수 있다. 학생들이 처음 접하는 생소한 수업 내용에 흥미를 느끼고 매력적으로 인식하려면 그것을 전달하는 교사의 목소리 톤, 제스처, 표정 등이 함께 뒷받침되어야 한다. 특히 비언어적 요소인 청각적, 시각적 요소는 감정과 태도를 효과적으로 전달하며 이 3V가 서로 일치하지 않으면 혼란을 일으키기도 한다.

예를 들어 "나는 너한테 불만 없어."라는 의사 표현을 눈도 제대로 마주치지 않고 입술을 깨물며 낮은 톤으로 말하면 상대는 말의 내용을 쉽게 믿지 못할 것이다. 같은 맥락에서 교사가 "이거 정말 중요한 내용이니 꼭 기억해야 해."라는 이야기를 평소와 다를 바 없는 표정으로 목소리의 톤 변화 없이 지나가듯 이야기하면 학생들은 어떤 내용이 중요하다는 것인지, 정말로 중요한 것이 맞는지 혼란스러울 수 있다. 하지만 같은 이야기를 눈을 크게 뜨고 손으로 박수를 한 번 크게 치며 큰 목소리로 전달한다면 학생들이 그 내용에 집중할 가능성이 높아진다.

📋 ABC 이렇게 적용해요!

메라비언의 법칙을 가장 잘 구사한 정치인은 미국의 로널드 레이건 대통령이라고 한다. 그를 뛰어난 정치가로 만든 인기 비결은 정치적 업적이 아니었다. 영국 옥스퍼드 대학교 피터 콜릿(Peter Collett) 교수는

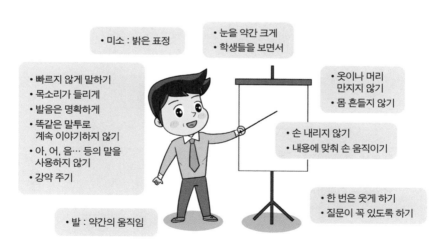

학생들이 선호하는 선생님의 몸짓 언어

레이건 특유의 '미소와 목소리'라고 분석했다.

처음엔 누구나 어색하고 서툴지 모른다. 하지만 앞의 그림에 소개된 몸짓 언어를 차근차근 연습해 보자. 한꺼번에 전부 완벽하게 하려는 부담감을 내려놓고, 할 수 있는 것부터 하나하나 적용해도 괜찮다.

생각해 보기

수업에서 몸짓 언어가 중요한 것은 맞지만 자칫 수업하는 겉모습에만 초점을 맞춰야 하는 것은 아니다. 세일즈에서 소비자를 구매로 이끄는 것은 세일즈맨의 태도가 아니라 세일즈맨이 하는 말이다. 수업에서도 종종 표정의 영향력(파토스)을 과장하고, 말의 내용의 영향력(로고스)을 과소평가할 때가 있다. 즉, 수업에서 좋은 인상을 심어주고 내용을 전달하는 것은 중요하다. 하지만 수업 내용에 대한 진솔한 설명은 더 중요하다.

KEY POINT

학생들을 집중하게 만드는 3가지

① 밝은 미소

② 친절한 말투

③ 학생들의 활동에 관심을 보여주는 눈빛과 손 모양

CHECK POINT 🖋

앞서 소개한 다양한 몸짓 언어 중 선생님은 교실에서 몇 개 정도를 사용하고 있나요? 나에게는 어떤 몸짓 언어가 편안하고, 다른 한편으로 어렵게 느껴지는 몸짓 언어는 무엇인가요? 수업 중 칠판 앞에 서 있는 나의 모습을 점검하는 시간을 가져보세요.

지금 잘하고 있는 나의 모습은 무엇인가요?

* _____
* _____
* _____

어렵게 느껴지는 몸짓 언어는 무엇인가요?

* _____
* _____
* _____

노력하고 싶은 나의 모습은 무엇인가요?

* _____
* _____
* _____

02

학습지가
쓰레기통에 버려져요

이케아 효과 : 애정이 담긴 DIY 학습지 만들기

    종례 시간, 교실을 청소하다 보면 쓰레기통에 버려진 학습지들을 보기 일쑤다. 그때마다 꺼내서 선생님의 노력과 정성이 들어간 학습지를 이렇게 함부로 다루지 말아달라고 당부하지만 그때뿐이다. 밤늦게까지 머리를 쥐어 싸매며 열심히 고민해서 만든 학습지는 어느 날은 비행기가 되고, 또 어느 날은 딱지가 되곤 한다. 이전 시간 학습지를 꺼내보라고 했을 때, 가방 한구석에서 잔뜩 구겨진 채 여기저기 찢어진 모습을 보면 한숨만 나온다. 매번 학습자료 제작에 들이는 시간은 많지만 학생들은 그 노력의 가치를 알아주는 것 같지 않다. 나에게는 너무 소중한 학습 자료가 아이들에게는 그저 한 시간 사용하고 말 종잇조각에 불과하다는 생각이 들 때면 이렇게 열심히 수업 준비를 해야 하나 싶기도하다.

내 손길이 닿은 것이 더 가치 있다, 이케아 효과

미슐랭 식당의 음식과 내가 직접 만든 음식 중에 더 애착이 가고 자부심이 느껴지는 음식은 무엇일까? 아마 후자일 것이다. 직접 요리하는 편이 더 번거롭고 맛이 부족할지라도 내 손맛이 담긴 음식에 더 정이 가게 마련이다. 이와 비슷한 맥락에서 케이크 믹스와 관련된 유명한 일화가 있다.

1950년대 미국 식료품 회사인 제너럴밀스에서는 인스턴트 케이크 믹스 브랜드 베티 크로커(Betty Crocker)를 출시했다. 이 케이크 믹스는 모든 재료가 들어가 있었고, 물을 넣고 섞은 후 오븐에 구우면 케이크가 완성되었다. 시간과 노력을 절약하고 맛도 보장된 제품이지만 소비자들은 반기지 않았다. 이를 해결하기 위한 방법으로 회사는 여느 방법과는 다른 선택을 했다. 케이크 믹스 속의 달걀 파우더 대신 소비자가 직접 날달걀을 넣도록 한 것이다. 그러자 케이크 믹스의 판매량이 크게 상승하였다. 제작 과정을 더 번거롭고 고되게 만든 것이 그 제품의 가치를 증가시킨 것이다.

마이클 노턴(Michael Norton), 대니얼 모천(Daniel Mochon), 댄 애리얼리(Dan Ariely)는 이케아 박스 조립하기, 종이 접기, 레고 쌓기 실험 연구를 통해 사람들의 이러한 심리를 증명해 냈다. 그들의 실험에서 참가자들은 대부분 자신의 아마추어적인 결과물이 전문가들의 작품과 유사한 가치를 지닌다고 인식했다. 또한 노동이 얼마나 즐거운지에 관계없이 노동 그 자체만으로도 결실에 대한 긍정적인 인식이 증가되었다. 단, 그 노동이 실패하거나 완료되지 못하면 자신이 만든 결과물에 대한 사랑으로 이어지진 못했다. 이러한 심리를 DIY를 브랜드의 컨셉으로 잡은 가구 회사의 이름을 따서 '이케아 효과'라고 명명했다. 이케아 효과에 따르면 사람들은 자신이 제작에 참여한 제품의 가치를 실제보다 더 높게 매기고, 더 많은 노력을 들일수록 더 큰 애착을 가진다. 이는 자신이 들인 노력을 정당화하면서 생기는 일종의 인지 부조화라고도 볼 수 있다.

완벽하고 다양한 기성 제품이 많음에도 DIY 제품이 늘 잘 팔리는 것은 사람들의 이러한 심리를 반영한다. 사람들은 결과물뿐만 아니라 과정 자체에도 높은 가치를 매긴다. 수업에서도 마찬가지다. 전문가인 선생님이 만든 완벽하게 정리된 학습지보다 서툴지만 내 손으로 직접 필기하고 만들어낸 학습 자료에 학생들은 더 뿌듯함과 친밀감을 느낀다. 이케아 효과 실험에서 사용된 DIY 제품을 학습 자료로 바꿔보면 어떤 일이 일어날까?

📋 이렇게 적용해요!

처음에는 학생들의 결과물이 다소 아쉽게 느껴질 수도 있다. 그러나 그것만으로도 충분히 의미 있다는 걸 기억하자! 이케아 효과의 핵심은 내 노력이 들어갔다는 인식이다.

처음에는 학습 자료나 수업의 일부분에 학생들의 손길이 닿도록 시도해 볼 수 있다. 이때 학생들이 끝까지 해낼 때까지 기다려주고 그것이 성공적으로 활용될 수 있도록 돕는 것이 중요하다. 자신이 제대로 하지 못했다고 느끼면 이 효과가 잘 드러나지 않기 때문이다. 자신의 노력이 수업에서 의미 있게 활용될 경우 학생들의 효능감 향상에도 도움이 된다. 학생들이 직접 자신의 손으로 만드는 DIY 수업을 당장 할 수 있는 작은 것부터 실천해 보자.

1. 학습지 뒷장은 학생에게 맡기기

앞장에 교사가 깔끔하게 구조화해서 정리한 학습 자료가 있다면, 학습지 뒷장은 학생들에게 맡겨보는 건 어떨까? 그날 배운 내용을 복습할 수 있는 십자말풀이를 만들어보도록 하거나, 4컷 만화로 그려보도록 하

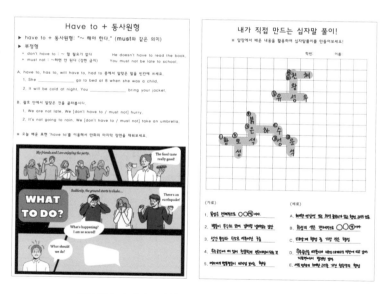

DIY 학습지 예시 : 만화 그리기(영어), 십자말풀이(과학)

는 것이다. 꼭 학습지 뒷장이 아니더라도 학습지의 여백 공간에 학생들이 직접 결과물을 낼 수 있는 기회를 제공하는 것도 좋다.

백지에 각자 정리하도록 할 수도 있지만, 학생들이 더 의욕적으로 참여하게 하려면 기본적인 틀을 제공하는 것도 도움이 된다. 또한 센스 있거나 우수한 결과물들을 스캔해서 다음 시간 학습 자료로 나누어준다면 더 의미 있는 DIY 학습지가 될 것이다.

2. 학급의 손길을 모두 모아 공동 학습지 제작하기

학급의 학생 한 명 한 명이 각각 간단한 파트를 담당해서 제작한 자료를 수합한 후 학급 공동 학습지를 제작하는 방법도 있다. '그림 사전'을 의미하는 픽셔너리(Pictionary) 활동은 학습한 단어나 개념을 학생들에게 그림으로 표현해 보도록 하는 활동이다. 그림으로 표현하기 좋은

공동 학습지 예시 : 픽셔너리 활동

학습 내용을 여러 개 추출해서 각 학생들에게 배부하고, '그림 사전'에 들어갈 그림을 그려보도록 한다. 활동 시간은 수업 상황에 맞춰 5분 안에 빠르게 그리도록 해도 되고, 천천히 공들여 그리게 해도 된다. 학생들의 작품을 이어 붙여 공동 틀에 붙이면 꽤 뿌듯한 결과물이 완성된다. 이렇게 만든 학습지는 인원수만큼 복사해서 나누어주거나 교실 한쪽에 전시해 놓자.

3. 학생이 직접 출제하는 쪽지시험

시험을 본다고 하면 학생들은 백이면 백 반기지 않는다. 이때 DIY 학습지는 훌륭한 평가 자료가 될 수 있다. 자신이 만든 문제가 시험에 등장하면 학생들의 심리적 부담감을 낮춰주고 자기 효능감도 높아진다. 활용하는 방법은 간단하다. 학생들에게 직접 문제를 만들게 할 수도 있고, 학생들이 작성했던 내용을 토대로 교사가 평가 자료를 만들어 제공할 수도 있다. 예를 들어, 수업이 끝날 때 학생들에게 빈칸을 만든 문장을 하나 써서 제출하라고 한다. 그중 문제가 될 만한 것들을 몇 개 뽑아서 PPT 한 장에 담으면 된다. 학생들이 문장을 쓰는 것도, 그것을 문제로 만드는 것도 잠깐이면 된다.

4. DIY 수행평가 채점 기준

학생의 손길이 닿을 수 있는 곳은 수업과 학습지만이 아니다. 교사의 영역으로 여겨졌던 수행평가의 채점 기준 설정에도 학생이 참여하도록 할 수 있다. 수행평가의 채점 기준을 학생들이 토의를 통해 직접 결정하는 경험은 수행평가에 대한 이해를 높일 뿐만 아니라 수행평가 자체에 대한 몰입과 동기도 증가시킨다. 방법은 간단하다. 말하기 수행평가를 실시한다면 학생들이 직접 '완벽한 말하기'란 무엇인지 토의해 보도록 하는 것이다. 의견들을 포스트잇에 모두 모아서, 서로 비슷한 것끼리 분류하면 커다란 평가 영역이 나올 것이다. 물론 학생들이 엉뚱한 채점 기준을 만들까봐 걱정될 수도 있다. 이때는 수행평가의 커다란 채점 기준은 정해 놓고, 그것을 구체화하는 것만 학생에게 맡겨도 된다. 말하기 평가에서 발표의 유창성 항목이 있다고 한다면 어떤 발표가 유창한 발표인지에 대해 토의시키는 것이다. 어떤 조는 유창한 발표의 기준을 머뭇거림 3초 이하라고 보는 반면, 또 다른 조는 머뭇거림보다는 자연스러운 억양과 태도가 더 중요하다고 생각할 수도 있다. 이러한 학생들의 의견을 중재해서 채점 기준을 구체화할 수 있다. 이처럼 학생들이 수행평가의 설계 단계에서부터 머리를 싸매고 고민하며 함께 만들어나간다면 학생들이 수행평가에 대해 느끼는 책임감이 커지고 참여도와 성취도도 높아진다.

KEY POINT 📖

① 학습 자료를 완성시킬 마지막 터치는 학생들에게 맡겨보자.
② 학생들의 노력을 수업에 의미 있게 활용하자.
③ 시간이 걸리더라도 학생들이 모두 완성할 수 있게 조금 기다려주자.

CHECK POINT

현재 수업에서 학습 자료는 어떻게 제공되고 있나요? 학습 자료에서 변화를 줄 수 있는 부분은 없는지 점검해 보세요.

내 학습 자료에서 교사가 꼭 제공해야 할 부분은 무엇인가요?

* _____
* _____
* _____

내 학습 자료에서 학생들이 DIY할 수 있는 부분은 무엇인가요?

* _____
* _____
* _____

그 외에 학생들이 직접 만들 수 있는 자료나 결과물에는 무엇이 있나요?

* _____
* _____
* _____

03
활동에 제대로
참여하지 않아요

프레이밍 효과 : 수업 태도를 결정하는 한마디

오늘은 활동 수업을 진행하는 날이다. 조별로 게임을 통해 점수 대결을 하는 활동이었다. 박 선생님은 수업 진행 중에 "오늘은 가장 높은 점수를 받은 조가 이기는 게임을 할게."라고 이야기했다. 칠판에는 각 조가 점수를 얻을 때마다 숫자로 점수를 표기했다. 처음에는 신나게 조별로 협력해 가며 참여하던 아이들이 시간이 지날수록 상대편이 높은 점수를 받지 못하도록 방해하고 같은 편인 다른 조원이 실수를 할 경우 심하게 핀잔을 줬다. 결국 수업에 참여했던 모두가 기분이 상한 채 수업이 끝났다. 박 선생님은 다시는 활동 수업을 하지 않겠다고 다짐했다.

김 선생님도 같은 날 활동 수업을 진행했다. 김 선생님은 "조별로 문제를 풀어볼 거야. 각 조별로 서로 도와서 최대한 많은 답을 맞혀보자."라고 활동을 소개했다. 그리고 칠판에는 각 조별 점수표를 붙여놓고 최소 목표 점수를 표시해 두었다. 점수판은 점수를 얻을 때마다 칸이 칠해

져서 10칸을 다 채우면 끝나는 구조였다. 이 수업도 역시 조별로 점수를 매기고 가장 높은 점수를 받은 조가 이기는 게임이었지만, 학생들은 각자 자신의 조가 칸을 얼마나 채웠는가에 더 집중하여 다른 조의 점수와 관계없이 더 많은 것을 맞히기 위해 협력했다.

두 선생님이 수업을 진행하며 결정적 차이를 보였던 것은 무엇일까? 바로 조별 대항 활동을 무엇으로 포장했느냐에 있다. 박 선생님은 다른 조와의 경쟁에 초점을 맞춘 반면 김 선생님은 만점에 각 조가 얼마나 도달했는가에 초점을 맞췄다. 이것이 학생들이 활동에 임하는 태도와 행동에 영향을 미쳤다.

학생들의 반응을 결정하는 프레이밍 효과

높은 산을 등산한다고 가정해 보자. 반 정도 왔을 때, 철수는 '아직도 반이나 더 가야 하네.'라고 생각하고, 영희는 '벌써 반이나 왔구나!'라고 생각한다. 누가 정상까지 완주할 확률이 높을까? 아마도 영희일 가능성이 더 높다. 둘 다 정상에 오르더라도 영희가 더 기분 좋게 정상에 오를 것이다.

프레임이란 어떠한 상황을 바라보는 생각의 틀을 의미한다. 프레임은 단순히 하나의 대상에 대한 인식 차이에 그치는 것이 아니라, 어떤 일을 대하는 태도와 그에 대해 내리는 결정까지 차이를 만들어낸다. 교실에서 학생들 간의 말다툼을 '아이들 장난'이라는 프레임 속에서 지도하는 교사와 '학교 폭력의 씨앗'이라는 프레임 속에서 지도하는 교사는 그 다툼을 다르게 중재하기 마련이다.

　대부분의 사람들은 사회에 널리 퍼진 기존의 프레임을 그대로 받아들인다. 그러나 일부 사람들은 프레임을 만들어낸다. 이러한 사람들을 프레이머(Framer)라고 부른다. 교사는 교실에서 일어나는 거의 모든 활동에서 프레이밍을 할 수 있다. 자리 배치, 학급 분위기 조성, 과제 부여, 갈등 중재 등의 다양한 영역에서 교사가 어떠한 프레임을 가지고 지도하냐에 따라 학생들은 같은 상황을 다르게 받아들인다. 따라서 교사는 자신의 수업에서 적극적인 프레이머가 되어야 한다.

　구체적인 예시를 하나 살펴보자. 교사는 '지속 가능한 발전'을 주제로 학생들에게 글쓰기 과제를 부여하려고 한다. 교사는 '학생들이 이것을 재미있어 할까?', '주제가 너무 어렵진 않을까?'라고 걱정한다. 그래서 학생들에게 주제를 알려주면서 "여러분, 다들 이 주제는 처음 들어보지요? 오늘 쓸 주제는 어려울지도 몰라요."라고 말한다면, 학생들은 해당 과제를 '어렵고 불가능한 과제'로 받아들이게 될 것이다.

　그렇다면 이 과제를 어떻게 하면 다르게 프레이밍할 수 있을까? 물론 이 주제는 학생들에게 낯설고 어려운 주제일 수 있다. 그러나 교사가 이를 가르치려고 하는 이유는 학생들이 꼭 알아야 하고 미래에 매우 필요한 지식이기 때문이다. 주제의 난이도가 아닌, 학생들이 배워야 하는 이유에 초점을 맞추면 교사는 다르게 말하게 된다.

　"이번 글쓰기는 여러분의 삶과 굉장히 밀접한 관련이 있어요. 처음 들어보는 사람도 있겠지만, 여러분이 살아가면서 꼭 알아야 하는 내용이니까 이번 기회에 한번 배워봅시다."

이제 '지속 가능한 발전'이라는 주제는 학생들에게 '나와 관련 있고 내가 알아야 할 주제'라고 인식될 것이다.

수업을 효과적으로 프레이밍하기 위해서는 교사가 수업에서 보여주고자 하는 것이 무엇이며, 학생들이 배우길 바라는 것이 무엇인지에 대한 선제적 고민이 필요하다. 수업의 목표나 내용이 아닌 난이도나 게임, 보상 등을 프레임으로 삼을 때, 그 수업은 성공하지 못할 가능성이 크다.

내 수업은 어떤 프레임 안에서 이루어지는가? 수업을 점검해 보고, 성공적인 프레이밍을 위한 몇 가지 간단한 방법을 알아보자.

 **이렇게 적용해요!**

1. 수업 분위기를 결정하는 수업 구호

새 학기 첫 수업은 프레임을 구성하기에 최적의 시간이다. 교사의 수업 철학을 전달하고, 교사의 수업을 바라보는 학생들의 시선을 정할 수 있는 결정적 시기다. 마찬가지로 매 수업의 시작 역시 그날 수업의 인상과 분위기를 결정짓는 시간이다. 수업 시작 전에 선생님이 "함께 가면"이라고 선창하고 학생들이 "멀리 간다!"라고 외친다면, 학생들은 어떤 생각을 가지게 될까? 아마 '함께 해야 하는구나.' 하고 생각할 것이다. 이처럼 내가 수업에서 가장 중요하게 여기는 가치를 간단한 구호로 만들어보자.

2. 반전 네이밍을 통한 이미지 변신

어느 수업에서나 잘 참여하지 않는 학생들이나 실수가 잦은 금쪽이들이 있을 것이다. 혹시 같은 실수를 여러 번 반복하는 학생에게 "그럼 그렇지.", "역시 ○○구나!", "또야?"라는 말을 자주 하지 않았는지 내 수업을 돌아보자.

반복되는 부정적인 피드백은 당사자는 물론이고 그 주변 친구들마저 해당 학생이 매일 조는 아이, 매일 틀리는 아이라는 부정적인 이미지를 고착화시킨다. 그렇다면 이런 아이들에게 새로운 별명을 붙여줘보는 것은 어떨까? 자주 실수하는 학생에게는 "꼼꼼이", 매일 불평만 하는 학생은 "땡큐", 자주 엎드리는 학생은 "반짝이"와 같이 반전 이름을 선사해주자. 실수하던 꼼꼼이는 한 번 더 꼼꼼하게 점검하는 태도를 연습하게 되고, 졸린 눈의 반짝이가 졸려고 하면 주변 친구들이 반짝이의 눈이 다시 반짝이도록 깨워주게 될지도 모른다. 이와 유사하게 학생들이 직접 자신의 수식어를 정하게 하는 것도 한 방법이다. 첫 수업의 자기소개 시간에 각자 자신의 이름 앞에 형용사 수식어를 붙이도록 하는 것이다. 수업 시간 중에 서로를 '성실한 ○○,' '적극적인 ○○' 등의 별명으로 부른다면, 서로에 대한 이미지가 긍정적으로 형성될 수 있다.

3. 사이 좋은 모둠 활동으로 가는 말말말

'이 표현만큼은 익숙해졌으면 좋겠다!' 싶은 표현이 있다면 모둠 활동의 이끔말이나 맺음말로 정해 보자. 다른 사람을 살피는 사람이 되기를 원한다면 활동을 하기 전에 이끔말로 "How are you?"라고 오늘의 기분을 가볍게 묻고 답하도록 할 수 있다. 처음에는 유치하다며 부끄러워할 수 있지만, 반복되면 학생들은 자연스레 서로의 상태를 묻고 기분을 살피며 이해하고 존중하는 태도를 배우게 된다. 맺음말로는 "생각을 나눠줘서 고마워!", "너의 의견은 정말 좋았어!"와 같은 긍정적 피드백을 정해 줄 수 있다. 이러한 말을 통해 학생들은 모둠 활동에서 의견을 나눠준 친구에게 고마운 마음을 가지게 되고, 덤으로 다른 상황에서도 "고마워!"라는 말을 일상적으로 하게 될 것이다.

KEY POINT 📖

① 학생들이 배웠으면 하는 태도를 수업 언어에 녹여내자.
② 수업에서 부정적으로 느껴질 수 있는 부분은 의도적으로 반대로 프레이밍하자.
③ 학생들이 가지고 있는 부정적 프레임도 교사가 새롭게 리프레이밍해주자.

CHECK POINT

다음 항목에서 내 생각과 일치하는 것에 표시해 보세요.

- ☐ 정말 똑똑한 학생들은 내 수업에서 배울 것이 딱히 없다.
- ☐ 어떤 영역은 노력으로는 극복할 수 없다.
- ☐ 수업 목표를 달성하지 못한 학생은 수업에서 배운 것이 없다.
- ☐ 수업 태도가 좋지 않은 학생들까지 끌고 가는 건 시간 낭비다.

위 항목들은 모두가 즐겁게 참여할 수 있는 성공적인 프레이밍을 방해하는 생각들이다. 내가 평소에 가지고 있는 생각들은 언어나 태도에 드러나기 마련이다. 위의 생각들은 교사로 하여금 "너는 못 해," "하지 마"와 같은 말을 자주 하게 한다. 위와 같은 생각들이 유발하는 학생들의 생각과 태도는 다음과 같다.

- ☐ 정말 똑똑한 학생들은 내 수업에서 배울 것이 딱히 없다.

→ "이 수업은 나한테 도움이 안 돼."

수업에서 얻을 것이 꼭 지식과 정보만 있는 것은 아니다. 똑똑한 학생이라면, 다른 사람을 돕는 태도나 생각을 확장시키는 방법 등 다른 스킬을 배울 수도 있다. 이를 위해 교사는 어떤 말이나 노력을 할 수 있을까?

- ☐ 어떤 영역은 노력으로는 극복할 수 없다.

→ "나는 안 되는 아이구나."

모두가 같은 방법으로 목적지에 도달할 수는 없다. 누군가는 지름길로 가겠지만 또 다른 누군가는 우회해서 가야 할 것이다.

▢ 수업 목표를 달성하지 못한 학생은 수업에서 배운 것이 없다.

→ "이 수업은 너무 어려워. 나는 이 수업만 들으면 아무것도 못 해."

수업 목표를 교과 내용 외에도 다양하게 설정해 보자. 교사의 태도, 친구들과의 상호작용, 나의 작은 성취 등등. 그 목표들을 모두 명시적으로 알려주지 않더라도 "00는 저번에 어려웠던 내용을 이제는 모두 이해한 것 같은데?", "00는 모둠 활동에서 의견 정리를 잘하네."와 같은 말을 통해 학생들이 배우고 있는 다양한 것들을 끊임없이 상기시켜줄 수 있다.

▢ 수업 태도가 좋지 않은 학생들까지 끌고 가는 건 시간 낭비다.

→ "내 맘대로 해도 상관없구나." "선생님은 나한테 관심이 없으셔."

수업 방해를 하는 학생들이 방해 행동의 날개를 펼치기 전에 대체 행동을 제시해 보는 것도 한 가지 방법이다. 이런 학생들은 늘 어른들에게서 "하지 마!"라는 말만 들었을 가능성이 높다. 한번 "이걸 하라"는 말을 해보면 어떻게 될까? 학습지의 빈칸을 채워보거나, 그림을 그려보거나, 활동 시간을 재거나. 해당 학생들이 쉽게 할 수 있는 방법들을 제시해 보자.

04

모둠에서 무임승차하는
아이들이 있어요

링겔만 효과 : 협력하는 교실 수업 만들기

　국어 시간, 토론을 준비하며 아이들에게 '핸드폰 사용 시간을 제한해야 할까?'라는 주제에 대해 각자의 주장과 근거를 조사해 오는 숙제를 내주었다. 아이들은 저마다의 방법으로 인터넷과 책, 다양한 자료를 검색하고 찾으며 성실하게 조사해 왔다. 사전에 조사해 온 것을 바탕으로 토론을 진행하니 본인의 의견을 적극적으로 이야기하고 자신감 있게 발표했다. 서로 준비된 다양한 의견이 오고 가니 풍성한 수업을 진행할 수 있었다.

　다음 토론 주제로 '청소년이 화장을 해도 되는가?'를 선정했다. 이번에는 아이들이 개별로 할 때보다 조별로 하면 훨씬 좋은 시너지를 낼 것이라는 기대감으로 조별 숙제를 내주었다.

전체의 합을 줄어들게 하는 링겔만 효과

일주일 후, 조별로 나누어 토론 수업을 진행했다. 그런데 예상 밖의 일이 일어났다. 아이들이 조별로 준비해 온 내용은 지난주보다 훨씬 빈약하고 허술했다. 주제의 난이도 때문이 아니라 자료 조사도 충분히 되지 않아 오가는 내용도 매우 적었다. 아이들은 서로 열심히 하지 않은 탓이라며 책임을 회피하기 바빴다. 왜 혼자 할 때보다 함께 하는 활동에서 더 좋은 결과가 나지 않은 것일까?

줄다리기를 할 때, 상대적으로 적은 수의 팀원이 이기는 것을 본 적 있을 것이다. 팀원이 많다고 해서 꼭 승리하는 것이 아닌 경우를 종종 보게 되는데, 여기에는 '링겔만 효과'의 법칙이 숨어 있다.

"이렇게 사람이 많은데 나 하나쯤이야."라고 생각해 본 적 있을 것이다. 다수가 에너지를 쓰고 있기 때문에 자기 힘의 최선을 다하지 않는 경우다. 이러한 사회적 일탈 현상으로 인해 다수가 동시에 내는 힘이 개개인 힘의 단순 합보다 낮은 것을 '링겔만 효과(Ringelmann Effect)'라고 한다. 집단에 참여하는 개인의 수가 늘어날수록 오히려 1인당 기여도가 점점 떨어지는 현상이라고 할 수 있다.

독일의 심리학자 링겔만(Ringelmann)은 100여 년 전 줄다리기 실험을 통해 단체에 속해 있는 각 개인의 기여도 변화를 측정해 보았다. 개인이 당길 수 있는 최대의 힘을 100으로 보았을 때, 2명, 3명, 8명으로 이루어진 그룹들이 각 200, 300, 800의 에너지를 낼 것으로 기대했다. 그렇지만 실험 결과에서 2명의 그룹에서 보인 에너지의 크기는 기대치의 93%, 3명의 그룹은 85%, 8명의 그룹은 겨우 49%의 힘만 작용했다고 한다. 집단 속에 있는 개인의 수가 늘어날수록 반대로 1인당 공헌도가 줄어드는 현상이 발생한 것이다. 이는 인원이 많아질수록 내가 아닌 다른 사람에게 기대하는 바가 커졌기 때문이다. '개인적인 책임'에 대한 무게감이 줄어들수록 최선을 다하지 않는 결과를 가져올 수 있다는 이론이다.

교실에서 협동학습이나 조별 활동을 할 때 '링겔만 효과'는 유의하고 기억해야 할 점이다. 집단 활동 수업에서 교사가 학생 개인의 책임감을 심어주지 않으면 개인의 역량을 떨어트리고 오히려 역효과를 초래할 수 있다.

이렇게 적용해요!

1. 공동의 목표를 명확히!

공동의 과제를 수행하는 중에 내가 기여할 수 있는 것이 적다고 여기면 참여도가 줄어들 수 있다. 그렇기 때문에 공동의 목표가 곧 개인의 목표가 될 수 있도록 목표를 상기해 주는 것이 좋다. 본인이 공동의 목표를 이루기 위해 중요한 존재임을 생각할 수 있도록 계속해서 알려주는 것도 중요하다.

2. 모두에게 각자의 역할 부여

모두가 각자의 역할을 해낼 수 있도록 역할 분담을 하는 것이 좋다.

'다른 누군가 하겠지'라는 생각으로 은근슬쩍 묻어가려는 아이들이 없도록 사전에 과제를 정확히 나누어 협업하게 하는 것이다. 협동학습에서 사용하는 '역할 이름 붙여주기'로 조원 모두에게 역할을 제시해 줄 수 있다. 칭찬이, 이끔이, 지킴이, 기록이로 나누어 각자의 역할을 할 수 있도록 제시한다.

> **칭찬이** – 다른 친구들을 격려하고 칭찬해 줌으로써 모둠원의 사기를 북돋아주도록 함. 소외되는 친구가 생기거나 서로 간의 갈등이 생기지 않도록 돕는 역할을 수행함.
> **이끔이** – 모둠에서 함께 수행해야 하는 활동에 대해 주도적으로 진행하는 리더. 모두가 활동에 참여할 수 있도록 이끄는 역할을 수행함.
> **지킴이** – 시간을 체크하여 정해진 시간 내에 활동을 마무리할 수 있도록 정리해 주는 역할을 수행함.
> **기록이** – 모둠에서 나눠지는 이야기를 요약 정리하여 기록하고 필요한 내용들을 활동지에 정리하는 역할을 수행함.

이렇게 역할을 정해 주는 것 외에도 각자의 역할을 분명하게 적을 수 있는 활동지를 활용할 수도 있다. 모둠별로 각자가 해야 할 역할을 고민하고 나눔으로써 일부 모둠원에게 과제가 몰리는 것을 사전에 방지할 수 있다.

3. 기여도를 평가할 수 있는 체크리스트 활용

각자가 얼마만큼 이 활동에 책임감을 가지고 참여했는지 평가할 수 있는 자료를 함께 제공하는 것도 도움이 될 수 있다. 사전에 평가표가 있음을 고지하고 활동 후 평가하도록 한다. 자기평가를 하며 스스로 돌아볼 수 있는 시간을 제공하고, 다른 조원에 대해 평가하는 것을 통해 더 높은 책임감을 갖게 할 수 있을 것이다.

효과적인 모둠 활동을 위한 활동지

우리 반에는 혹시 링겔만 법칙에 의해 '무임승차'한 아이들이 없을까? 조별 활동을 할 때 아이들 모두가 참여할 수 있도록 각자에게 어떤 역할을 부여해 주면 좋을까?

계획하고 있는 조별 활동을 떠올려보고 각자에게 맡길 수 있는 역할을 적어보자(다음 페이지 예시 자료 참고). 아이들이 직접 역할을 정해 보도록 할 수도 있다. 조별 활동이 끝나고 난 뒤에는 평가표를 통해 자신과 서로를 평가해 볼 수 있다.

개인 역할 분담 계획서 예시

계획하고 있는 조별 활동	'청소년이 화장해도 되는가?'에 대한 토론 수업 준비
우리 조가 해야 할 일	1. 우리 조 [찬성] 의견에 대한 근거 조사하기 2. [반대] 의견을 조사하고 반박할 만한 근거 찾기 3. 정리해서 발표문 만들기
이름	**개인 역할**
학생 1	'청소년이 화장해도 된다.'라는 의견에 대한 근거 자료를 인터넷에서 조사해 오기
학생 2	학생1의 자료를 근거로 주장할 수 있는 찬성 내용 정리하기
학생 3	'청소년이 화장하면 안 된다.'라는 의견에 대한 근거 자료를 인터넷에서 조사해 오기
학생 4	학생3의 자료를 바탕으로 반박할 수 있는 근거 찾기
학생 5	학생 3, 4의 자료를 근거로 주장할 수 있는 반대 내용 정리하기
학생 6	위 내용을 모두 취합하여 발표문 만들기

우리 조원 참여도 평가표 예시

우리 조원의 참여도 평가하기												

나의 역할 : '청소년이 화장해도 된다.'라는 의견에 대한 근거할 수 있는 자료를 인터넷에서 조사해 오기

기준\이름	다른 조원들과 같은 목표로 협동했는가?			내가 맡은 역할을 책임감 있게 수행했는가?			우리 조원들을 칭찬해 주고 격려해 주었는가?			부족한 부분을 적극적으로 찾고 보완했는가?		
자기평가	△	○	◎	△	○	◎	△	○	◎	△	○	◎
학생 2	△	○	◎	△	○	◎	△	○	◎	△	○	◎
학생 3	△	○	◎	△	○	◎	△	○	◎	△	○	◎
학생 4	△	○	◎	△	○	◎	△	○	◎	△	○	◎
학생 5	△	○	◎	△	○	◎	△	○	◎	△	○	◎
학생 6	△	○	◎	△	○	◎	△	○	◎	△	○	◎

◎잘함 ○보통 △노력 요함

05
학습 내용을
기억하지 못해요

자이가르닉 효과 : 수업 내용을 기억에 남게 하는 법

나의 수업은 항상 비슷한 방식으로 이루어진다. 개념을 설명하고, 활동을 통해 개념을 익히고, 마무리 활동에서 정리까지 하고 나면 종료 종이 때맞춰 울린다. 내 수업을 듣는 아이들의 표정은 대체로 밝은 편이고 중간중간 고개를 끄덕이며 미소를 띠기도 한다. 형성평가 시간에도 오늘 학습한 내용을 잘 이해했다는 것을 확인할 수 있었다. 그런데 매번 다음 시간이 되면 지난 시간에 배웠던 내용을 처음 듣는 것처럼 반응한다. 그럴 때마다 지난 수업의 내용을 복습하는 데 많은 시간을 들여야 한다.

지난 수업에서는 수업 내용에 대한 퀴즈를 내긴 했는데 시간에 여유가 없어 다음 수업 시간에 답을 맞혀보기로 했다. 늘 배웠던 내용을 다시 요약해서 알려줘야 하는데 형성평가 답까지 맞혀야 하니 오늘 수업은 계획한 진도를 다 나가지 못할 것 같아 막막한 기분이다. 그런데 수업에 들어갔더니 아이들이 먼저 지난번 퀴즈의 답을 알려달라고 아우성이다. 답을 함께 맞히며 지난 수업 내용을 물었더니 술술 대답까지 한다. 그동안의 수업과 지난 수업은 무엇이 달랐던 것일까?

인간에게 잠재되어 있는 완성의 욕구

여운이 오래 남는 영화는 어떤 영화였는가? 정해진 해피엔딩 영화보다는 주인공들이 어떻게 되었는지 정확히 나오지 않는 열린 결말의 영화가 더 여운이 오래 남을 것이다. 이는 다양한 해석이 이루어질 수 있기 때문이기도 하지만, 인간에게는 완성되지 않은 것을 완성하고 싶어 하는 욕구가 있기 때문이기도 하다.

웹툰이나 유튜브 영상을 보면 다음 편을 궁금하게 만들어놓고 사건이나 말이 끝나지 않은 채 회차가 끝나는 경우가 있다. 영상을 보던 시청자들은 다음 회차가 공개될 때까지 계속해서 어떤 내용이 이어질지를 궁금해하며 인터넷 상에서 이야기 나누고 예고편을 여러 번 돌려본다.

이처럼 완료되지 않은 사건의 결말을 알고 싶어 하는 마음은 '자이가르닉 효과'와 관련이 있다. 그래서 게임 광고에서는 성공하지 못한 게임 영상을 보여주고, 드라마는 회차 공개 전 짧은 선공개 영상을 업로드하고, 가수들은 앨범 발매 전 팬들에게 하이라이트 메들리를 들려주기도 한다. 모두 사람들의 기억에 오래 남도록 하고 대상에 대해 더 관심을 갖도록 하는 방법들이다.

미완성된 내용이 기억에 남는다, 자이가르닉 효과

끝끝내 이루지 못한 첫사랑을 오랫동안 기억하는 것처럼, 사람들은 끝내지 못한 일을 더 선명하게 기억한다. 이런 현상에 대한 실험을 했던 심리학자가 블루마 자이가르닉(Bluma Zeigarnik)인데 그의 이름을 따서 이를 '자이가르닉 효과'라고 한다.

자이가르닉은 게슈탈트 심리학을 연구하던 쿠르트 레빈(Kurt Lewin) 교수와 다양한 실험을 함께 했는데, 레빈은 베를린의 한 식당에서 식당 종업원이 수많은 주문이 진행 중일 때는 실수 없이 외우고 처리하다가 계산이 끝나면 그 내용을 기억하지 못하는 모습을 보고 관련 연구를 시작했다. 레빈과 자이가르닉이 함께 한 연구에서 피험자들은 중간에 방해를 받아 끝내지 못한 과제들에 대해 더 잘 기억하고 있었으며, 아이들은 대체로 방해받은 과제만 기억하였다고 한다.

학생들이 지난 수업에서 열심히 배운 내용을 다음 수업에서 기억하지 못하는 것은 완성된 임무를 지워버린 종업원의 모습과 같은 맥락에서 이해할 수 있다. 작업 기억에는 한계가 있기 때문에 이미 완료한 일에 대해서는 기억하지 못하는 현상이 발생하기도 한다. 그러나 미완성 목표가 있는 경우 우리의 무의식은 우리가 의식하지 못하는 때에도 그 목표를 달성하기 위해 잠들지 않고 깨어 있다. 중단된 일들은 다시 작업이 시작될 가능성이 있기 때문에 뇌가 그 기억을 잊지 않고 있으며, 이것이 반복되면 장기 기억으로 남기도 한다.

# 이렇게 적용해요!

1. 질문을 적극적으로 활용하자!

• 수업 동안 완성시켜나가는 첫 질문

자이가르닉 효과를 수업 중에 극대화하기 위해서는 수업의 첫 질문을 활용해 보는 것이 좋다. 먼저 질문을 던지고 수업을 시작하는 것이다. 이 질문은 수업 내내 학생들의 마음 한구석에서 맴돌며 기억에 남는다.

5형식 문장을 학습하는 영어 수업을 예로 들어보자. 교사는 수업 전 칠판 한쪽에 대표적인 5형식 문장에 빈칸을 넣어 적어둔다.

"_____ makes me happy. / My friends call me _____."

위와 같은 문장을 적은 뒤, 학생들에게 빈칸에 무엇이 들어갈 수 있는지 배워보겠다고 이야기한다. 수업이 마무리될 때쯤 학생들에게 포스트잇을 나누어주고, 빈칸 문장을 각자 자유롭게 채워 칠판에 붙이도록 한다. 교사는 칠판의 포스트잇을 보며 재미있거나 정성이 들어간 내용들을 익명으로 읽어주면 된다. 영어 교과에서 문장의 빈칸을 채우는 질문을 던졌다면, 역사 교과에서는 사건의 배경을 묻는 질문을, 과학 교과에서는 실험의 결과를 묻는 질문 등을 던질 수 있을 것이다.

• 수업의 여운을 남기는 마지막 질문

우리는 수업이 끝나면 "오늘은 여기까지 할게요."라는 말로 마무리할 때가 많다. 이 말 대신 여운을 남길 수 있는 질문을 하나 던지는 것도 수업 내용을 기억에 오래 남게 하는 좋은 방법이다. "오늘 배운 것과 관련된 예시에 대해 다음 시간까지 생각해 오세요."라든지, "이에 대한 의견은 다음 주 시작할 때 나누어보겠습니다."라는 식으로 다음 수업 시간까지 해야 하는 사소한 과제를 제시하는 것이다. 가끔 샤워를 하다가 혹은 길을 걷다가 아이디어가 갑작스럽게 떠오른 적이 있지 않은가? 우리가 느끼기에는 갑작스러웠을지라도, 사실 이러한 현상은 바쁘게 일한 무의식의 결과물이다. 이처럼 수업의 마지막에 던져진 질문은 학생들이 의식하지 못하는 사이 무의식에 남게 될 것이다.

• 질문 출구 티켓(Exit Ticket) 활용하기

수업의 마무리 질문을 보다 효과적으로, 그리고 재미있게 수업에 녹이기 위해서 출구 티켓을 활용해 보는 것도 좋은 방법이다. '출구 티켓(Exit Ticket)'은 교과 교실제로 운영되는 외국의 학교에서 많이 사용되는 간편한 형성평가 기법이다. 수업을 마무리하며 교사는 학생들에게 간단한 질문을 하고, 학생들은 교실을 나가기 전에 질문에 대한 답을 출구 티켓에 적어 교사에게 제출하고 다음 교실로 이동한다. 이러한 출구 티켓은 질문, 미션, 키워드, 느낌 적기 등으로 다양하게 활용할 수 있으며, 교과 교실제가 흔치 않은 우리나라 교실에서도 포스트잇이나 간단한 학습지를 이용하면 적용이 어렵지 않다.

지금까지 소개한 방법이 교사가 학생에게 질문을 던지는 방식이었다면, 질문 출구 티켓은 반대로 학생들에게 질문권을 넘기는 방법이다. 수업 시작 전에 학생들에게 포스트잇이나 출구 티켓 학습지를 한 장씩 나

질문 출구 티켓   포스트잇을 활용한 출구 티켓

누어주고, 수업이 끝날 때까지 오늘의 수업에서 생긴 질문을 한 가지 이상 꼭 쓰도록 안내한다. 그런 다음 학생들이 쓴 질문은 수업이 끝날 때 모두 걷는다. 이제 학생들 스스로 만들어낸 질문들은 다음 수업 때까지 미해결된 채 남겨지게 된다. 그렇게 학생들은 자신의 질문을 이따금씩 떠올리고 곱씹어보면서 수업 내용을 보다 오래 기억할 수 있다. 학생들이 한 질문은 다음 수업에서 해결되는데, 다음 수업을 시작할 때 교사는 지난 시간에 걸었던 질문들을 다 같이 살펴보면서 질문에 대해 친구들이나 교사가 직접 답변도 해준다.

2. 수업의 시작과 끝을 연결하는 〈3-2-1 연결하기〉 활동

〈3-2-1 연결하기〉 활동은 하버드에서 제공하는 프로젝트 제로의 보이는 생각 루틴(Harvard Project Zero's Visible Thinking Routine) 중 하나이다. 이 활동은 학생들이 수업 시작과 끝에 학습 경험을 성찰하고 자신의 생각 변화를 확인하게 해준다.

수업을 시작할 때 교사는 오늘 학습할 주제를 알려주고, 학생들은 기존 배경지식을 이용해 다음 항목에 대한 자신의 생각을 정리한다.

- 3개의 아이디어

〈3-2-1 연결하기〉 활동에서는 3개의 아이디어나 생각을 작성하라고 권하는데, 이때 학생들로 하여금 주제를 듣고 떠오르는 3개의 단어를 쓰라고 하면 손쉽게 접근할 수 있다.

- 2개의 질문

수업을 시작할 때 던져진 질문은 수업을 통해 해결되기도 하고, 해결되지 않기도 한다. 그리고 질문이 바뀌기도 한다. 이때 학생들이 질문에 익숙하지 않다면 교사는 질문의 기본적인 틀이나 예시를 제공해 주는 것도 좋다. '어떻게 ○○를 할 수 있을까?' 또는 '○○란 무엇인가?' 등의 기본 틀을 준비해 두자.

- 1개의 비유

비유는 문학적 비유만 의미하는 것이 아니라, 자신의 경험이나 다른 개념과 연결 지어 설명하는 것을 가리킨다. 'A는 B와 같다.' 등의 문장 구조가 활용될 수 있다.

같은 항목에 대해 학생들은 수업이 마무리될 때 한 번 더 자신의 생각을 정리하게 된다. 수업이 시작할 때 촉발된 사고가 수업이 끝날 때 비로소 완성되는 것이다. 이를 통해 학생들은 자신의 사고 내용이 어떻

수업 주제: _____	
수업 시작	**수업 끝**
[3가지 단어] ❑ ❑ ❑ [2가지 질문] ❑ ❑ [1가지 비유] ❑	[3가지 단어] ❑ ❑ ❑ [2가지 질문] ❑ ❑ [1가지 비유] ❑
연결하기	
※새로운 답변이 처음 답변과 어떤 공통점과 차이점이 있는지 찾아보세요.	

3-2-1 연결하기 활동지

게 변화했는지를 들여다보며 메타인지를 강화하고 학습 내용을 더 잘 기억할 수 있다.

3. 다음 시간 티저 공개하기

수업을 잘 마무리하고 다음 시간에 무엇을 배울지 예고하는 것 역시 매우 중요하다. 다음 차시에 대한 예고 시간은 수업에 여운을 남길 수 있는 훌륭한 시간이기 때문이다. 가수들이 음원을 발매하기 전에 반주가 약간 섞인 짧은 티저 영상을 먼저 공개하는 것과 같은 맥락이다. 다음 수업 주제를 미리 안내하면서 자이가르닉 효과를 낼 수 있는 몇 가지 방법을 소개한다.

• 사진을 활용한 〈Guess what?〉 활동

다음 수업에서 배울 내용이 한 장의 그림으로 표현될 수 있다면, 사진의 일부를 가린 채 예고를 해보자. 사람들은 완성되지 않은 그림의 공백을 완결된 하나의 형태로 인식하는 경향이 있고, 이는 기억에 더 강렬하게 남는다. 이를 수업에도 연관지어 그림의 일부를 가리거나 혹은 부분

다음 시간에
가게 될 나라는 어디일까요?

을 크게 확대한 완결되지 않은 그림을 다음 차시의 주제로 제시함으로써 강렬한 인상을 남길 수 있다.

• 네모 칸 문장 채우기 활동

문장에 빈칸을 넣어 이를 채우도록 유도하는 것 역시 완성 욕구를 자극하는 방법이다.

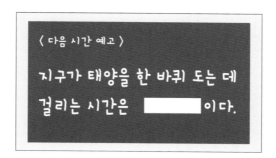

〈 다음 시간 예고 〉

지구가 태양을 한 바퀴 도는 데
걸리는 시간은 　　　　　이다.

4. 형성평가 정답 공개를 의도적으로 미루기

다양한 형성평가를 준비하면서 답을 맞히는 타이밍까지 고민하는 경우는 많지 않다. 그러나 자이가르닉 효과에 따르면 답을 언제 알려주느냐도 학생들이 테스트한 내용을 얼마나 잘 기억하는지에 영향을 미칠 수 있다. 완결된 일은 기억에서 바로 지워지기 때문이다. 오늘 배운 내용을 오늘 평가해서 오늘 답을 다 알려줘서 채점까지 마칠 경우, 어쩌면 다음 시간이면 학생들은 마치 오늘 학습한 내용을 처음 듣는 것 같은 어리둥절한 얼굴로 앉아 있을지도 모른다. 그래서 자이가르닉 효과를 활용한 마케팅을 살펴보면 중간에 갑자기 흐름을 끊거나 광고 화면에 의도적으로 노이즈를 주기도 한다.

수업에서도 마찬가지로 완결을 의도적으로 방해할 경우 인상에 깊이 남을 수 있다. 방해가 너무 갑작스럽거나 잦으면 오히려 역효과가 날 수 있지만, 수업의 마무리에 주로 이루어지는 형성평가의 경우 완결을 중단하고 미루기가 자연스럽다. 문제를 풀게 한 후, 정답은 다음 시간에 공개하면 되기 때문이다. 꼭 다음 시간까지 미루지 않아도 된다. 미완성 효과를 짧게라도 누릴 수 있도록 정답을 바로 공개하기보다는 수업의 스타일과 맥락에 맞게 약간씩 지연시켜보면 어떨까?

5. 완성 욕구 자극하기

• 빨리 마치고 싶어지는 활동 진행률 표시창

게임 분야에서 자이가르닉 효과를 이용하는 방식으로 수업에서도 이

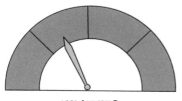

나의 숙제 완료율

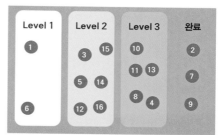

를 활용할 수 있다. 예를 들어 수학에서 두자릿수 덧셈을 배우고 있다면 문제의 난이도에 따라 레벨을 4개 정도로 나누는 것이다. 레벨1은 올림이 필요 없는 단순 계산 문제, 레벨2는 올림이 필요한 다소 복잡한 계산 문제, 레벨3는 그림이 주어진 문장제 문제, 레벨4는 많은 생각이 필요한 문장제 문제 등으로 나눌 수 있다. 각 레벨당 10개의 문제가 있다면 학생들은 학습지를 보자마자 의욕이 사라질 것이다. 이때, 칠판에 레벨별로 구역을 나눈 후 자신의 이름표나 출석번호를 시작 포인트에 놓고, 레벨 하나를 마칠 때마다 직접 자신의 이름표를 다음 레벨로 옮기게 한다면 이 과제를 완료하기 위해 모두가 열심히 애쓸 것이다.

이처럼 진행률 표시창은 아직 더 공부해야 한다는 인상을 심어주는 장치로 특정 행동이나 학습을 반복하도록 하는 효과가 있어 반복 연습이 필요한 과제에서 특히 효과적이다. 어린 시절 피아노 학원을 다녔던 사람들이라면 누구나 익숙할 포도알 칠하기 역시 숙제를 완료하게 하는 장치라고 볼 수 있다. 가볍게는 학습 자료 윗부분이나 각자의 노트에 활동 진행률이나 수업 이해도를 표시하도록 하거나 해빗트래커(Habit

Tracker) 양식을 활용하는 방식으로 실천해 볼 수 있다.

특히 이러한 활동 진행률이 내 학습지가 아닌 모두가 볼 수 있는 앞쪽에 표시되고 있다면 학생들의 의욕은 배로 늘어간다.

• 숙제의 시작을 함께 하기

꾸물거림은 모든 학생들의 고질병이다. 일주일 뒤까지 제출해야 하는 과제가 있는 경우 미루고 미루다가 전날 밤에 부랴부랴 자료 조사와 준비를 시작해 본 경험이 누구나 있을 것이다. 특히 복잡한 과제일수록 시작이 쉽지 않다. 이러한 고질적 꾸물거림의 간단한 해결책이 바로 자이가르닉 효과에 있다. 가능한 한 빨리 시작하는 것이다!

학생들이 꼭 해왔으면 하는 과제가 있다면, 수업 시간을 일부 할애해서 함께 시작해 보면 어떨까? 과제를 아직 안 한 활동이 아닌, 시작했으나 아직 마무리하지 못한 활동으로 인식시키는 것이다. 예를 들어, 오늘 배운 한자를 10번씩 쓰라는 반복 연습 과제를 주었다면, 일곱 번쯤 필사했을 때 "수업에서는 여기까지!" 하고 나머지 세 번을 남겨두는 것이다. 대부분의 학생들은 수업이 끝났더라도 세 번만 더 하면 끝낼 수 있는 이 과제를 쉬는 시간을 조금 투자해서라도 마치려고 할 것이다.

🖍️ 생각해 보기

자이가르닉 효과를 다른 관점에서 보면 다양한 과제를 동시에 진행하고 있을 때 미완성된 과제가 다른 과제의 수행을 방해할 수 있다. 뇌가 중요하지 않은 일에 계속 신경 쓰는 것은 불필요한 일이다. 너무 많은 미완성 과제는 오히려 집중을 흐트러뜨리고 과한 긴장을 유발할 수 있으니 주의가 필요하다.

KEY POINT 📖

자이가르닉 효과를 활용해 기억에 남기기

① 의도적으로 완성을 지연해 학습 내용이 머릿속에 떠다닐 수 있도록 시간을 주자.

② 질문을 적절하게 활용해서 마음속에 유의미한 의문을 남기자.

③ 일부를 시작해서 완성 욕구를 자극하자.

CHECK POINT

미완료된 과제를 계속해서 기억하고 있는 현상을 뜻하는 자이가르닉 효과는 수업 속에서 다양하게 활용될 수 있습니다. 내 수업 속에서 자이가르닉 효과가 활용될 여지가 있는지 한번 점검해 보세요.

내 수업에서 질문은 언제, 어떻게 활용되고 있나요?

* _____

수업의 마무리에 학생들에게 생각할 거리를 안겨줬나요?

* _____

다음 수업 시간에 배울 내용에 대한 궁금증을 유발했나요? 무엇을 배우는지 짧게라도 안내했나요?

* _____

학생들이 활동의 진행률을 알 수 있는 장치가 있나요?

* _____

과제 수행을 모두 학생에게 맡기지 않고 시작을 함께 하나요?

* _____

06

수업 규칙을
지키지 않아요

떠벌림 효과 : 규칙과 약속을 잘 지키게 하는 법

짧은 수업 시간 동안 10분 정도는 아이들에게 잔소리를 하느라 허비하게 된다. 준비물을 챙겨왔는지, 숙제는 해왔는지를 점검할 때마다 반정도는 준비되지 않았을 때가 많다. 지난주에 오랫동안 이야기를 나누며 수업 시간에 떠들지 않고 집중해서 듣겠다는 약속을 했지만 민호는 그새 약속을 잊었는지 여전히 친구와 수다 삼매경이었다. 민호에게 지난번에 한 약속을 기억하는지 물으니 "아, 맞다!"라고 하며 멋쩍은 미소를 지을 뿐이다.

새해가 되면 새해 다짐이나 새해 목표, 버킷리스트 등이 인기 검색어에 오르곤 한다. 그런데 이 새해 다짐을 연말까지 실천하는 사람은 몇 명이나 될까? 왜 우리는 늘 다짐을 지키지 못할까? 그 비밀은 우리가 다짐을 혼자와의 약속으로만 남겨둬서일지도 모른다.

한 유명 아이돌 그룹 멤버는 해병대 만기 전역 후 출연한 한 프로그램에서 입대 2일차에 해병대에 자원한 것을 후회했으나, 해병대에 갈 것이라고 여기저기 소문을 내고 기사도 나는 바람에 차마 힘들어서 나간다고 말할 수 없었다고 털어놓았다. 예능에서 농담처럼 나눈 이야기지만, 실제로 어떤 목표나 행동을 많은 대중에게 공개할 경우 그것을 지킬 확률이 높아진다.

약속의 힘을 강화하는 비법, 떠벌림 효과

선거에서 당선이 된 후 약속한 공약을 지키지 않는 사람을 보면 어떤 생각이 드는가? 책임감이 없고 믿을 수 없는 사람이라고 생각할 것이다. 또 매번 다음 약속에는 절대 안 늦겠다고 약속해 놓고 항상 늦는 친구에게도 큰 기대와 신뢰를 갖지 못할 것이다.

누구든 다른 사람에게 실없고 무책임한 사람으로 남고 싶어 하지 않는다. 이를 위해 여러 사람들에게 목표를 공표하는 순간, 우리는 그 목표를 이루기 위해 훨씬 노력하게 된다. 공개적으로 알린 약속을 지키지 못했을 경우, 자신과의 약속이나 일대일 약속과는 차원이 다른 손해를 보기 때문이다. 신뢰를 잃고, 체면이 깎이고, 평판이 낮아지는 것이다.

'떠벌림 효과(Public Commitment Effect)'는 자신의 목표를 공식적으로 많은 사람들에게 공개할 경우 성공 효과가 높아진다는 효과를 말한다. 떠벌림 효과가 유래한 것은 1955년에 사회심리학자인 모튼 도이치 박사(Morton Deutsch)와 해롤드 제랄드 박사(Harold B. Gerald)의 실험에서다. 첫 번째 그룹의 학생들은 그들의 평가를 종이에 적고 서명과 함께 제출하도록 했고, 두 번째 그룹의 학생들은 다른 사람들의 의견을 듣기 전에 그들의 판단을 잘 지울 수 있는 판에 쓰도록 하였다. 그리고 세 번째 그룹의 학생들은 의견을 말하지 않도록 하였다. 이 중에서 다른 사람들의 의견을 모두 들은 후 자신의 의견을 가장 많이 수정한 그룹은 세 번째 그룹이었으며 24.7%의 사람들이 의견을 수정했다. 가장 적게 수정한 그룹은 첫 번째 그룹으로 5.7%만이 의견을 바꾸었다. 특히 이 효과는 자신의 공언을 알린 사람의 수가 많을수록 더 커졌다.

약속의 실행률을 높인다는 점 이외에도 자신의 목표를 공언하는 것은 여러 부수적인 장점이 있다. 먼저 자신의 목표를 다른 사람에게 설명해야 하기 때문에 목표를 보다 구체적으로 실행 가능한지 점검하게 된다. 또한 목표 달성을 위해서 주위에서 많은 도움의 손길을 건네게 될 것이다. 이 떠벌림 효과를 사용해서 교실에서 학생들이 약속 실행률을 높이는 방법은 무엇일까?

1. 새학기를 여는 수업 계약서

새 학기 첫 수업은 한 학기 혹은 일 년 동안 수업에서 지켜야 할 규칙과 목표를 정리할 수 있는 중요한 시간이다. 그러나 학생들은 이때 공유했던 여러 가지 약속을 금방 잊어버리곤 한다. 떠벌림 효과를 적극적으로 활용해서 첫 수업 시간에 학생들과 함께 수업 계약서를 작성해 보는 것은 어떨까? 수업 계약서란 교사와 학생 간에 서로 지킬 규칙과 기준에 대한 동의서이다. 수업에서 기대하는 행동과 목표가 담겨 있기도 하다. 개별적으로 지킬 규칙(수업 시작 전에 교과서 펼쳐놓기 등)과 반 전체가 함께 지킬 규칙(모둠 활동 시 웃는 얼굴로 대화하기 등)을 담을 수 있다.

수업 계약서 작성 방법은 다음과 같다.

1 모두가 자유롭게 자신의 의견을 공유하고, 수업에서 지켜야 할 규칙과 기준을 다양하게 나눈 후 계약서에 들어갈 내용을 선정한다.
2 선정된 규칙들은 커다란 종이에 작성한다. 이때 작성할 수 있는 다양한 틀을 제공하는 것도 학생들의 흥미를 북돋을 수 있다. 다음은 수업 계약에 활용할 수 있는 틀 예시이다.

① 해야 하는 행동, 하지 말아야 할 행동, 듣고 싶은 말
② 필요한 것, 필요 없는 것, 원하는 것
③ 우리 반의 보이는 모습, 들리는 소리, 느껴지는 감정

3 서명을 통해 계약서의 효력이 발생한다. 자신의 이름을 직접 쓰고 서명하게 하거나 손가락 도장을 찍게 함으로써 계약에 대한 책임감을 강화할 수 있다.
4 자신이 속한 그룹의 계약서를 발표하도록 한다. 가능하면 조원 모두가 앞에 나와 함께 글을 읽게 하고, 각 조의 교실 계약서는 교실 벽면에 붙여놓도록 한다.

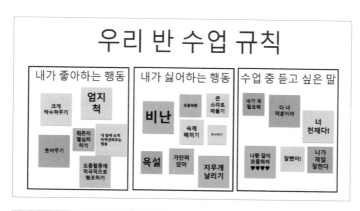

2. 수업 전후의 공언 시간

오늘의 수업에서 꼭 지켜야 할 목표가 있다면 그 목표들을 먼저 공유하고 시작하는 것도 좋은 방법이다. "나는 오늘 수업에서 ＿＿＿＿하겠습니다."라는 목표를 포스트잇이나 잼보드로 받은 후, 수업이 끝날 때 잘 지켰는지 확인하는 시간을 가진다. 더 간단하게는 학습지 맨 위쪽에 자신의 다짐을 쓰는 칸을 만들고, 조별로 목표를 나누게 해보자. 자신의 목표부터 달성 여부까지 친구들에게 공유되기 때문에 학생들은 더더욱 바른 행동을 하고 목표를 달성하기 위해 노력하게 된다.

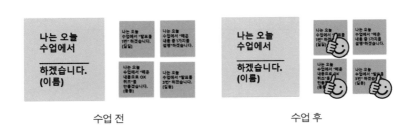

수업 전   수업 후

3. 수업 방해 행동에 대한 선언문 작성하기

새학기 첫날 수업 계약에 포함되지 않았지만 시간이 지날수록 특정 방해 행동이 두드러지기도 한다. 수업 시간에 매번 화장실을 가거나 계속 뒤를 돌아보는 등 사소한 행동일 수도 있다. 이럴 때는 잠깐의 시간을 할애하여 해당 행동에 대해 교실 전체가 함께 패널티가 포함된 선언문을 작성하여 약속하는 것도 좋다. 떠벌림 효과를 활용한 다양한 연구에 따르면 공언한 것을 지키지 않을 때 패널티가 있으면 그 말을 지킬 확률이 더욱 올라간다고 한다. 예를 들어 "친구와 시끄럽게 떠들면 다음 시간부터 선생님의 모든 질문에 답하겠습니다."라든지, "수업 시간에 이

유 없이 교실 안을 돌아다닐 경우 교탁 옆에 앉아 수업을 듣겠습니다."
라는 벌칙이 있을 수 있다.

4. 가정의 협력 구하기

생활 습관과 관련된 목표의 경우 가정과 학교에서 일관되게 목표를
지켜나가는 것이 중요하다. 학교 구성원 앞에서만 공언하게 되면 그 목
표를 지키기 위한 노력과 행동을 교내에서만 실천하고 가정에서는 다
른 모습을 보일 수 있기 때문이다. 그렇게 되면 지속적인 습관 유지나
목표 달성이 어려워진다.

• 학부모 공개 수업 시간 활용하기

학부모 공개 수업 시간은 부모님 앞에서 다짐을 공언하기에 좋은 기
회이다. 다짐문을 작성하는 활동을 중심으로 수업을 준비해도 좋지만,
그것이 마땅치 않다면 선서식을 가지는 것을 추천한다. 수업 시작 부분
에서 다 같이 자리에서 일어나 학부모님을 향해 뒤로 돌게 하고, 함께
작성했던 수업 계약이나 다짐문을 선서 형식으로 크게 읽어보자. 대표
학생은 그 다짐을 꼭 지켰으면 하는 학생들로 구성해도 좋겠다.

• 학부모에게 공유하기

학부모 공개 수업은 가끔 있는 행사이기 때문에, 수업 중 공언 활동
을 하게 된다면 그 결과물을 잘 모아서 학부모에게 공유해 보기를 권한
다. 작성했던 다짐문 아래에 학부모 확인란을 만들어서 응원 멘트를 한

마디 받아서 오게 하거나, 다짐문을 들고 학부모와 사진을 찍어 오도록 하는 방법도 있다. 학교에서 한 번, 가정에서 한 번, 총 두 번의 공언 활동을 통해 다짐은 강화될 것이다.

CHECK POINT

대부분의 학생들은 자신의 목표를 공언하는 것에 익숙하지 않습니다. 내 수업에서 자신의 목표를 공유하고 지켜나가는 것을 연습할수 있는 환경이 갖추어져 있는지 점검해 보세요.

학생들이 구체적인 목표를 친구들과 함께 공유했나요?

* _____
* _____
* _____

그 목표를 공개적으로 말하거나 보여줄 기회를 제공했나요?

* _____
* _____
* _____

07
잔소리를
줄이고 싶어요

넛지 효과 : 부드러운 개입으로 행동 유도하기

아이들 사이에서 나는 '잔소리쟁이 선생님'으로 불린다. 쉴 새 없이 학생들이 '해야 하는 일들'에 대해 이야기하다 보니 붙여진 별명이다. '잔소리쟁이 선생님'으로 불리는 것이 싫지만 매번 교실에서 규칙을 지키지 않는 아이들을 보고 있자니 잔소리를 하지 않을 수도 없다.

잔소리를 하지 않고도 아이들 스스로 하면 좋겠는데 쉽지 않다. 학기 초, 교실에서 또 학교에서 지켜야 할 규칙을 분명히 알려주었는데 왜 매번 다시 알려줘야 하는 건지 모르겠다. 당연히 연습이 필요하다는 것을 알지만 시간이 충분히 지났는데도 매번 말로 하려니 목이 아프다. 목이 쉰 채로 아이들에게 잔소리해 봤자 그때뿐이다. '자기주도'가 중요하다고 하는데 학생들은 자발적으로 하는 것을 왜 이렇게 어려워할까?

말을 너무 많이 한 탓에 성대 결절이 왔다. 병원에서 며칠간 최대한 말을 삼가라고 하길래 학교에서 최소한의 말만 하게 되었다. 수업을 제외하고는 규칙을 말로 설명하는 대신 몸짓이나 상황 설정으로 대체했다.

가정통신문 제출 서류함을 교탁 옆에 두고 제출한 사람은 자신의 이름에 체크하도록 연필을 올려두었다. 그런데 잔소리를 하지 않았는데도 불구하고 아이들이 자발적으로 나와서 제출하고 금세 체크표가 완성되었다. 다음 수업을 준비하라는 말 대신 칠판에 다음 시간의 교과서를 잘 보이게 올려두었다. 아이들은 칠판을 보더니 스스로 다음 시간 과목을 준비했다. 아이들이 달려가다가 부딪히고 싸우는 경우를 줄이기 위해 좌우를 나누어 바닥에 발자국을 표시했더니 표시된 모양을 따라 걸어 다니게 되어 부딪히는 사고가 현저히 줄었다.

똑똑한 선택을 이끄는 힘, 넛지 효과

무엇이 아이들을 움직이게 했을까? 단순히 환경을 바꿨을 뿐인데 어떤 영향이 있었던 것일까? 훈계하거나 특별한 보상을 제공한 것이 아닌데 아이들은 자발적으로 행동했다. 교실 구성을 바꾼 것만으로도 아이들에게 큰 영향이 있을까?

'다이어트를 하려면 접시를 바꿔야 한다.'는 말이 있다. 사진에 있는 음식을 보자. 분명 같은 양의 음식인데도 불구하고 접시 크기에 따라 다르게 보인다. 큰 접시에 담겨 있는 음식은 상대적으로 양이 적어 보인다.

반대로 작은 접시에 담겨 있는 음식은 훨씬 양이 많아 보인다. 만약 다이어트 중이라면 큰 접시에 담아서 먹었을 때보다 작은 접시에 담아 먹었을 때 수저를 내려놓는 일을 더 빠르게 선택할 것이다. 누구도 말하지 않았지만 자연스럽게 스스로 음식에 대한 양을 인지하고 수저를 내려놓는 것이다. 같은 것이지만 설계된 환경에 의해 다르게 보이게 함으로써 스스로 다른 선택을 하게 되는 것이다. 이것이 바로 '넛지 효과'다.

우리는 주변에서 알게 모르게 많은 넛지 효과에 노출되어 있다. 대형마트에 갔을 때 계산대 옆 간식들이 진열되어 있는 것도 '넛지'를 활용한 마케팅이라 할 수 있다. 계산하기 위해 줄을 섰을 때 함께 기다리는 아이들의 눈높이에 좋아할 만한 간식들을 배열해 둔 것이다. 아이들은 그것을 보고 자연스레 부모에게 요청을 하기 쉽고, 부모는 길게 서 있는 사람들의 눈치에 자녀와 실랑이할 시간 없이 바로 결제하기로 이어지는 선택을 하게 된다.

또한 다양한 OTT 플랫폼에서는 '30일 체험'을 무료 서비스로 제공한다. 소비자는 서비스를 이용하고 무료 체험 이후 자동으로 설정되어 있는 결제를 굳이 해지하지 않는 경우가 많다. 스쿨존에서 옐로우카펫으로 운전자들이 주의할 수 있도록 하는 것이나 우측통행을 할 수 있도록 발자국 모양을 붙여주는 것도 넛지 효과를 이용한 것이다. 이 효과는 사람들에게 선택을 금지하거나 경제적인 이익을 부여하지 않고도 환경을 설계하여 자발적인 행동 변화를 이끌 수 있다는 것을 보여주었다.

ABC 이렇게 적용해요!

1. 수업 중 넛지 효과 활용하기

• 수업 버튼 활용하기

책상 위에 수업 버튼을 올려놓고 과제를 완료하지 못했을 경우 빨간색, 과제를 완료했을 때 파란색으로 뒤집을 수 있도록 한다. 또는 O, X를 색깔로 표시하여 나타낼 수 있다. 그러면 말로 하지 않아도 학생들의 상태를 확인할 수 있다.

• 손가락 모양을 통한 약속

손가락 모양에 따라 여러 가지 의사 표현 방법을 설정한다. 교사가 손가락을 입에 가져가 '쉿' 모양을 했을 때 주의 집중할 수 있도록 제시할 수도 있다. 손가락 1개를 들었을 때, 5개를 들었을 때에 따라 규칙을 다르게 정하여 활용할 수 있다.

찬성(O) 반대(X)

- 짝 활동

짝 활동 바로 전에 스마일 표시를 가리켜 쳐다보도록 한다. 이를 통해 짝과 활동할 때 더 밝은 표정으로 할 수 있도록 자연스럽게 독려할 수 있다.

2. 환경 구성을 통한 넛지 효과 활용

- 할 일을 한눈에 볼 수 있도록 하자!

자신이 해야 할 일 중에서 완료한 것을 한눈에 볼 수 있도록 표를 붙여 놓아 스스로 체크하게 할 수 있다. 할 일이 완료되면 하트 모양이 보이도록 뒤집는 것이다. 자신이 해야 하는 5가지 일이 있다면 본인이 몇 개를 했는지 눈으로 직접 볼 수 있으니 교사의 지시 없이도 스스로 완료하게끔 도울 수 있다.

- 해야 하는 일에 맞게 분위기를 바꿔보자!

학생들이 자주 다니는 길 옆의 벽을 아름다운 벽화로 채웠을 때 학교폭력 신고가 현저히 줄어들었던 선례들이 있다. 사람은 무의식적으로 그 분위기에 맞게 행동하려는 습성이 있다. 교실에 영역을 나누어서 해야 할 일을 할 수 있도록 독려해 보자. 예를 들어 독서할 수 있는 공간에는 편안한 의자나 램프를 놓아주고 협동 놀이를 할 수 있는 영역에는 사방치기나 피구 선을 그려주는 것이다.

• 규칙을 즐겁게 지킬 수 있도록 꾸며보자!

쓰레기통 양쪽에 보기를 붙여놓고 투표하는 방법이 있다. 이것은 단순히 '쓰레기통에 버리세요'가 아니라 자연스럽게 쓰레기를 버릴 수 있도록 유도하는 것이다. 규칙을 강압적으로 지키게 하기보다 흥미로운 요소를 넣어 자연스럽게 규칙을 지킬 수 있도록 하는 것도 방법이 될 수 있다.

넛지 효과를 활용한 쓰레기통

💡 생각해 보기

'넛지'가 자유주의적 '개입'이기에 이에 대한 우려도 있다. 그래서 타인의 '자유 의지'를 침해하지 않는지 고민해 보아야 한다. 정해진 규칙 내에서 활용하고 '선택권을 제약하지 않는 개입'이라는 것을 잊지 않아야 한다. 환경적으로 강요나 억압이 되지는 않는지 고민하여 설정하는 것도 필요하다.

CHECK POINT

우리 반 하루는 어떻게 시작하나요? 아침에 와서 학생들이 어떤 행동을 하는지 세세하게 들여다보세요. 그리고 학생들이 자발적으로 규칙을 지킬 수 있도록 어떤 넛지 효과를 이용해 환경 구성을 하면 좋을지 적어보세요.

구분		학생들에게 기대하는 것	적용해 볼 수 있는 넛지 효과
1	인사	예) 친구들과 웃으며 아침 인사를 했으면 함	예) 교실 입구에 웃는 얼굴과 '오늘도 만나서 반가워' 문구를 붙여놓기
2	주의 집중	예) 이야기하다가도 교사가 부르면 집중했으면 함	예) 교사의 말에 경청할 수 있는 '손 모양'을 정하고 그 모양을 하면 모두가 쳐다볼 때까지 기다리기
3			
4			
5			
6			

08

숙제를 해오지 않아요

데드라인 효과 : 마감 시간의 중요성 일깨우기

    교사 입장에서는 학생들에게 숙제를 내기가 너무 어렵다. 매번 "숙제 해오라."는 잔소리를 하다 보니 아이들도 스트레스를 호소하고, 얼굴을 찡그리는 아이들을 보고 있자니 교사인 나도 스트레스가 된다. 그렇다고 숙제를 내주지 않으면 수업에 어려움이 생기기에 '숙제 프리'를 선언하기도 쉽지 않다. 숙제를 해오지 않은 학생들을 기다리자니 수업 차시가 밀리고 계획한 수업을 진행하기에도 어려움이 생긴다.

    숙제를 내주고 나서 아이들이 스스로 숙제를 해올 수 있도록 충분히 기다려준 적이 있다. 자유롭게 제출할 수 있는 '숙제 제출 바구니'도 만들어주었다. 그러나 아이들은 몇 주가 지나도 숙제를 제출하지 않았다. 점점 숙제와 진도가 밀려가니 "숙제를 얼른 해오라."고 여러 번 강조하면 숙제를 해온 학생들도 얼굴을 찡그리며 "네" 하고 퉁명스럽게 대답하곤 한다.

숙제를 해오지 않는 학생들이 점점 많아져서 방법을 바꿔보았다. 숙제를 잘 해오면 보상을 주겠다는 제안을 했다. 숙제를 해오면 간식으로 초콜릿을 주겠다고 했더니 몇몇 아이들이 반응하긴 했지만 얼마 가지 못했다. 오히려 간식은 직접 사 먹으면 된다며 "숙제를 하지 않는 것이 훨씬 나은 선택"이라는 말을 한 아이도 있었다.

먹을 것이 풍족한 요즘 시대의 학생들에게 먹거리 보상으로는 안 되겠다 싶어서 반대로 접근해 보기로 했다. 보상과 반대로 숙제를 해오지 않았을 때 벌을 주는 방법을 사용해 보았다. 교실 청소를 시키거나 급식을 가장 마지막으로 먹게 하는 등의 불이익을 벌로 정했다. 불공평하고 비합리적이라며 아이들이 짜증과 원망으로 아우성이었다. 아이들은 반발심만 커지고 감정이 상했다. 그렇다고 숙제를 해오는 수가 엄청 늘어나지도 않았다. 심지어 "어차피 혼날 거 그냥 안 해야지." 하는 말을 하는 아이도 있었다.

어려운 숙제가 아니라 쉽게 해결할 수 있는 숙제도 잘 해오지 않는 경우가 많았다. 숙제를 하지 않는 아이들을 그냥 매번 둘 수도 없고 고민은 더욱 깊어졌다. 반에서 숙제를 자주 해오지 않는 아이들을 따로 불러서 대화를 나누었다. "숙제를 왜 하지 않냐?"는 질문에 학생들의 대답은 다양했다. 각자의 상황과 핑계도 많았지만, 꽤 많은 학생은 "진짜 하려고 했는데 까먹었어요.", "계속 미루다가 해야 할 시간을 놓쳐버렸어요."라고 답했다. 게다가 "얼른 숙제하라는 잔소리가 숙제하고 싶지 않게 한다."고 했다.

'명확한 시간'이 아이들을 움직이게 한다

숙제 안내 방법을 바꿔보기로 했다. 이전에는 '학생들이 스스로 할 수 있도록 하겠다'는 생각에 시간을 따로 정해 주지 않았지만, 이번에는 아주 정확하게 마감 시간을 알려주었다.

"이번 주 금요일 9시까지 수학책 50쪽까지 풀어서 내세요."

수요일이 지나 목요일 오후가 되었는데도 여전히 숙제함에 제출된 수학책은 거의 없었다. 잔소리를 하고 싶었지만 입을 꾹 참고 내일까지만 기다려보기로 했다. 평소보다 아이들에게 숙제를 해오라는 소리도 거의 하지 않았고, 달라진 것이라고는 제출하는 시간을 알려준 것뿐이었다. 그렇기에 큰 기대를 하지 않았다. '평소처럼 아이들이 숙제를 거의 제출하지 않았겠지' 하는 마음으로 숙제함을 들었는데 웬일인지 금요일 오전 9시에 숙제함은 꽤 묵직했다. 병결인 학생을 제외하고 모든 학생이 숙제를 제출했다. 교사의 잔소리가 줄어들었는데 아이들은 왜 숙제를 더 잘 해온 것일까?

일을 미루지 않게 하는 습관, 데드라인 효과

시험 바로 전날, 공부가 가장 잘된다는 학생들이 있다. 마감일 저녁에 글이 유독 잘 써진다는 작가들도 있다. 생각지도 못한 소재가 떠오르고, 좋은 글귀가 만들어지기도 한다. 마감 시간이 임박함에 따라 평소보다 긴장과 집중력이 높아졌기 때문일 것이다. 이처럼 마감 시간이 임박했을 때 높은 효과를 내는 것을 '데드라인 효과'라고 한다.

데드라인은 원래 군사 용어였다. '수감자가 넘어서게 되면 즉각적으로 총살당할 수 있는 선'을 지칭했다. 그러나 최근에는 공간적 한계보다는 시간적 한계에 해당하는 개념으로 쓰인다. 어떤 업무나 과제에 대해 정해진 최종 마감 시간을 '데드라인'이라고 부른다.

사람들은 규칙을 지키면 긍정적인 결과를 얻고 규칙을 지키지 않으면 부정적인 결과를 얻게 되는 여러 상황을 역사를 통해 경험하고 목격해 왔다. 예를 들어, 운동선수가 경기 규칙을 지켰을 때 긍정적인 결과를 얻고, 규칙을 위반했을 때는 부정적인 결과를 얻게 된다. 그래서 많은 사람들은 만들어진 규칙을 준수했을 때 얻게 되는 이익을 생각하고 규칙을 깨뜨리기보다 '준수하는 행동'을 하고자 한다. 학생들도 숙제가 주어졌을 때 하고자 하는 의지가 있고, 숙제를 하지 않았을 때 부정적인 스트레스가 분명 있을 것이다.

그러나 '시간적 한계가 없는 규칙'을 제공받을 때는 규칙을 지키지 않는 행동에 대한 스트레스 정도가 '시간의 흐름'과 크게 상관없다. 시간이 흘러도 처음 숙제에 대해 들었을 때 받은 스트레스의 정도를 넘지 않는 것이다. 반대로 '시간적 한계가 있는 규칙'을 제공받으면 마감 시간이 가까워질수록 규칙을 지키지 않는 것에 대한 스트레스가 더욱 증가한다. 데드라인이 가까워질수록 '규칙을 지키지 않으면 안 된다'는 압박을 받게 된다. 그렇기 때문에 일반적인 규칙보다 데드라인이 있는 규칙이 제공되는 것이 훨씬 효과적으로 행동의 변화를 기대할 수 있다. 잊었던 숙제에 대한 생각을 데드라인이 일깨워주고, 의지를 일으키고, 숙제를 하게 하는 원동력을 가져올 수 있다는 것이다.

ABC 이렇게 적용해요!

1. 과제를 제시할 때는 '데드라인'을 명확하게!

과제를 제시할 때는 '데드라인'이 있는 마감시간 규칙을 함께 제시하여 효율을 높이는 것이 좋다. 무작정 자유를 주고 기다려주는 것만이 학생을 배려하는 것은 아니다. 명확한 시간과 규칙이 오히려 학생들의 의지를 돋우고 계획을 세울 수 있도록 도울 수 있다.

2. '데드라인'을 스스로 설정하도록 하는 것도 좋은 방법

교사가 학생들에게 데드라인을 정해 주는 방법뿐 아니라 학생들이 스스로 끝낼 수 있는 데드라인을 정할 수도 있다. 스스로 정한 목표에 대해서 책임과 의무를 갖고 행동과 과제를 통제할 수 있다.

단, 모든 일에 데드라인을 적용하면 흥미를 잃을 수도 있으므로 주의할 필요가 있다. 즐거운 일에 마감을 정해 놓으면 의무감이 생기고 하기 싫어질 수 있으니 스스로가 데드라인을 세우고 성취감을 누리도록 해보는 것도 방법이 될 수 있다.

3. 데드라인을 쪼개서 세워보자!

커다란 데드라인을 세운 뒤 내용을 세분화하여 계획할 수도 있다. 예를 들어, 일주일 동안 '속담 50문장 쓰기'를 목표로 한다고 해보자. 금요일까지 '속담 50문장 쓰기'를 최종 목표로 두고, 하루 '10문장 쓰기'를 작은 목표로 두는 것이다. 작은 데드라인이 모여 큰 데드라인을 이룰 수 있도록 장치를 설계하는 것이다.

4. 데드라인부터 거꾸로 계획을?

데드라인에서 시작하여 현재 시점까지 역순으로 계획을 세워 목표를 달성하는 '거꾸로 계획하기 방법'이 있다. 이 방법을 사용하면 자원을 더 효율적으로 배분하고 시간을 잘 관리할 수 있다. 복잡한 프로젝트나 오랜 기간 필요한 목표 설정에 특히 유용하다.

예를 들어, 학생들이 과학 전시회에서 화산 모형을 선보이려는 목표를 세웠다고 가정해 보자. 이 목표를 달성하기 위해 마지막 단계부터 시작하는 계획이 필요하다. 전시회 전날에는 화산 모형 최종 점검을 해야 한다. 그 전주에는 모형 제작을 완료해야 한다. 제작은 제작 완료 시점으로부터 2주 전에 시작되며, 이때는 페인트칠, 모형 형태 만들기 등의 작업을 포함한다. 제작 시작 한 달 전부터는 화산 모형에 대한 설계와 자료 수집을 시작해야 한다. 이 단계에서는 화산의 작동 방식을 연구하고 모형 제작 계획을 세운다.

이렇게 거꾸로 계획을 세우면 각 단계를 명확하게 이해할 수 있고, 프로젝트 준비 과정에서 시간을 효율적으로 사용할 수 있다. 학생들이 어떤 것부터 시작해야 할지 막막해 한다면 데드라인부터 거꾸로 계획하는 방법을 제시해 보자.

5. 데드라인을 가시화하는 것도 또 하나의 방법

데드라인을 제시했다면 반복적으로 말하는 것은 잔소리로 들릴 수 있다. 학생들을 믿어주고 기다려주는 시간도 필요하다. 꼭 말로 하지 않더라도 학생들이 스스로 데드라인을 잊지 않을 수 있도록 눈에 보이는 곳에 데드라인을 붙여놓자. 가시화하는 것도 좋은 방법이 될 수 있다.

KEY POINT 📖

'우리 반 전원 숙제 제출'을 위한 3가지 약속

① 정확한 데드라인 설정하기
② 재촉하는 잔소리는 금물!
③ 데드라인을 지켰다면 아낌없는 칭찬을!

CHECK POINT 🖋

우리 반 학생들은 숙제를 어떻게 해오고 있나요? 특별히 잘 해오는
과목이나 요일이 있나요? 학생들이 어려워하거나 놓치는 숙제는
없는지 떠올려보세요. 우리 반이 잘 하고 있는 모습을 칭찬해 보고
더 바꾸고 싶은 것이 있다면 적어보세요.

현재 잘 하고 있는 우리 반의 모습은 무엇인가요?

* _____
* _____
* _____
* _____
* _____

**학생들이 숙제를 잘 하도록 하기 위해 바꾸고 싶은 것은 무엇
인가요?**

* _____
* _____
* _____
* _____
* _____

한 번 알면 편해지는 수업 원리

Part 2
내일 당장 써먹는
새로운 수업 방법

09
협력 수업

동그라미 또래 교사, 동의의 다섯 손가락

협동학습, 놀이학습, 하브루타 등 많은 참여형 학습의 패턴과 구조를 교실에서 적용하면 아이들이 호기심 가득한 표정으로 기쁘게 수업하는 모습을 볼 수 있다. 하지만 아무리 맛있는 음식이라도 연속해서 먹으면 맛있는 줄 모르고 새로운 먹을거리를 찾게 된다. 미국에서 2020년 이후 가장 최근에 교사들에게 알려지고 효과성이 입증된 협력형 수업 모형을 소개한다.

동그라미 또래 교사

또래 교사가 된 학생 주위로 친구들이 모여 무언가에 대해 배운 후 자기 모둠으로 돌아가 배운 것을 공유하는 활동이다.

이럴 때 좋아요!

- 학생들이 수업 시간에 선생님에게 공부를 배우는 것뿐만 아니라 친구들에게도 배울 수 있다는 관점의 전환을 주고 싶을 때
- 다양한 의견을 듣고 빠른 시간 내에 의견을 모으고 싶을 때
- 어떤 정보에 대해 특별한 지식이 있는 학생을 또래 교사로 활동하게 하고 친구들의 의견을 주의 깊게 듣는 연습을 시키고 싶을 때

활동 방법

1 모든 학생은 자기 모둠에 앉아 있는다.

2 선생님이 주제에 대해 질문을 하고 해당 질문에 답변을 할 수 있는 친구들이 있는지 묻는다. 학생들 수준에서 주제에 대한 답을 알거나 설명할 수 있는 학생을 선정할 수 있는 질문을 한다. (예 : 소금을 뿌리면 눈이 더 빨리 녹을까? 교내에 남들은 모르는 나만 알고 있는 비밀 장소가 있는가?)

3 선생님의 질문에 답변할 수 있다고
  자원한 학생 중 또래 교사를 선정하
  고 학생들은 또래 교사를 향해 이동
  한다.

  - 정답을 알거나 설명할 수 있는 학
    생은 일어선다(자발적 참여)
  - 최적의 또래 교사 수는 학급의
    20~25% 정도가 적당하다.
  - 학생들은 흩어진 또래 교사에게 가는데 자신이 속한 모둠이 아
    닌 다른 모둠으로 간다.
  - 또래 교사에 선정된 학생들에게 목걸이용 교사 자격증을 주면
    효율적이다.

4 또래 교사는 주제에 대해 설명을 하고 질의 응답 시간을 갖는다.
  - 또래 교사는 제한된 시간 동안 최선을 다해 설명한다.
  - 주변 학생은 간단한 메모지나 노트를 가지고 기록하면서 배움
    을 이어간다.
  - 학생들은 또래 교사의 설명에 "나눠줘서 고마워!"라고 말한다.
  - 또래 교사는 설명을 들어준 친구들에게 "들어줘서 고마워!"라
    고 말한다.

5 원래 모둠으로 돌아가 배운 것을 공유한다.
  - 기록을 비교해 보며 모두 알고 있는지 확인한다.
  - 1번부터 번호 순서대로 또래 교사에게 배운 내용을 설명한다.

- 혹시 다르거나 잘못된 정보인 경우에는 모둠원 모두 손을 들고 교
  사에게 질문할 수 있다.

국어-나	물건의 특징을 떠올려 설명하는 글쓰기	
	0학년 0반 이름: 000	

물건의 이름	물안경	발표 순서
크기	크기는 신발 크기와 비슷합니다.	1
색깔	색깔은 흰색, 검은색, 파란색, 핑크색 등 여러 가지 색깔이 있습니다.	2
모양	모양은 동그란 부분이 두 개 있고, 늘어나는 길쭉한 줄이 있습니다.	3
쓰임	수영장에서 눈에 물이 들어가지 않게 할 때 씁니다.	5
그 외 다른 특징	여름에 특히 많이 사용하게 됩니다.	4

설명하는 글 순서대로 옮겨 쓰기

국어-나	물건에 대해 설명하는 말을 듣고 물건 맞추기		
	2학년 3반 이름:		

	내가 생각한 정답을 써 보세요.	틀렸다면 정답을 써 봐요.	맞추면 동그라미
1			
2			
3			
4			
5			
6			
7			
8			
9			
10			
11			
동그라미 개수를 다 더해보아요. ^^			개

또래 교사 학습지 예시

기대 효과

- 또래 교사는 특별한 정보를 알려줌으로써 자부심을 높일 수 있는 기회가 된다.
- 설명을 듣는 친구들은 새로운 정보를 이해하기 쉬운 용어로 배울 수 있다.
- 자기 모둠에 돌아가서 정보를 공유할 때 또래 교사들의 다른 설명을 비교 분석할 수 있고 더 높은 평가적 사고와 통합적 사고로 이어지게 할 수 있는 기회를 만들 수 있다.
- 사회적 기술 훈련을 기를 수 있다. ("들어줘서 고마워!", "나눠줘서 고마워!")

활동 tip

- 개념이 까다로울 때 효과적이고 가치 있는 질문인가에 대한 교사의 고민이 필요해요.
- 주제에 대한 사전 교육으로 성취도가 낮은 학생들도 또래 교사 체험을 하면서 자신감을 키울 수 있는 기회를 줄 수 있어요.
- 자기 모둠에 돌아와서 의견을 나눌 때 합의되지 않는 사항은 교사가 개입해서 정리해 주도록 해요.

수업 시간에 활용하기

- 수학 : 문제 해결 방법 설명하기, 증명하기
- 과학 : 현상에 대한 설명하기, 복잡한 실험 절차 시연하기

- 언어 : 단어의 의미와 예시 설명하기
- 체육 : 운동기술 동작 모델링하기, 운동의 원리 설명하기
- 음악 : 악기 연주 모델링, 음악가 설명하기
- 미술 : 그리기 만들기 모델링, 색상 이론 설명하기

동의의 다섯 손가락

모둠 내에서 의견과 근거를 듣고 손가락을 이용해 어떤 결정을 내리거나 선택을 하는 데 도움을 주는 활동이다.

이럴 때 좋아요!
- 학급 전체 또는 모둠별 의사 결정이 필요할 때
- 모둠별 학습에서 팀별 의견을 전달해야 할 때
- 간단한 토론이 가능한 주제 학습을 하며 의견을 모을 때

활동 방법

1 활동 전에 모둠원의 역할을 정한다.
   - 사회자 : 동의의 손가락 단계별 순서 진행
   - 기록이 : 팀 투표 용지에 투표 결과 기록
   - 칭찬이 : 다른 친구가 말하기 시작할 때, 동의하거나 다른 의견 제시하기
   - 침착이 : 의견을 제안하거나 동조할 때, 너무 시끄럽거나 빠른

속도로 이루어지지 않도록 알려주기

　- 발표자 : 투표 결과 발표하기

2 교사는 다섯 손가락의 손 기호를 알려준다.

　- 손가락 0(주먹) : 아니, 나는 그렇게 하기 싫어.

　- 손가락 1개 : 잘 모르겠어, 더 이야기해 보자.

　- 손가락 2개 : 내가 좋아하는 방법은 아니지만, 그렇게 해보자!

　- 손가락 3개 : 괜찮은 것 같아.

　- 손가락 4개 : 좋아, 내가 하고 싶었던 것 중 하나야!

　- 손가락 5개 : 완전 좋아!

3 모둠 안에서 나오는 의견에 대한 우리 모둠의 동의 평균 숫자를 정해 본다. (예 : 투표에서 가장 많이 나온 손가락 숫자로 의견을 결정하거나 선택한다. 손가락 개수에 따라 동의에 대한 정도를 확인할 수도 있다. 예를 들어 우리 모둠 동의 숫자를 3으로 했을 경우 평균 3 정도의 의견이면 모둠원들이 의견을 받아들이는 의미로 해석할 수 있다.)

4 모둠 안에서 서로 의견을 제안해 보고 의견에 대한 동의 정도를 손가락으로 표시해 본다. (예 : 자신이 먹고 싶은 메뉴를 말하고, "왜" 그 메뉴를 먹는 것이 좋은지 친구들을 설득해 보세요! → 모둠원 의견 : 햄버거

| 동의하기 어려워요 | 다시 한 번 생각해 볼게요 | 어느 정도 동의해요 | 동의해요 | 완전히 동의해요 |

를 먹으면 좋겠어! 먹고 치우기 간편하고, 내일 일찍 일어나야 하는데 빨리
먹고 잘 수 있기도 하고. 그리고 그냥 햄버거는 너무 맛있어!)

기대 효과

- 학급과 모둠의 의견을 빠르게 투표하여 알아낼 수 있다.
- 모두가 참여하기 때문에 학급과 모둠 결정에 기여했다는 느낌을
  준다.
- 투표를 통한 승자와 패자의 구도가 만들어지는 것을 피할 수 있다.

활동 tip

- 서로의 의견을 듣는 것이 중요하기 때문에 경청하는 자세를 지도
  할 필요가 있어요.
- 학습자가 규칙을 잘 인지하도록 미리 시각적인 정보(손가락 기호의
  의미 및 규칙 등)를 제공하도록 해요.
- 상대방의 의견에 0점의 의견은 주지 않도록 해요.

수업 시간에 활용하기

- 국어 : 원인과 근거를 이야기할 때의 타당도를 표시하기
- 과학 : 실험 결과에 대한 이유를 생각하여 말하기
- 팀 빌딩 : 현장 학습으로 가고 싶은 장소 정하기, 크리스마스 이벤
  트 결정

10
브레인스토밍 수업

브레인스토밍 패치워크, 외로운 종이 하나

수업 시간에 가장 많이 사용하고 있는 수업 방법 중 하나가 브레인스토밍이다. 수업 시간에 브레인스토밍 아이디에이션 활동을 하다 보면 아이디어가 잘 나오지 않는 경우가 있다. 선생님이나 친구들에게 평가받는 것에 겁을 먹고 의견 내길 주저하기도 하고, 정말 좋은 아이디어만 내기 위해 숙고하기도 한다. 상대방의 의견이 마음에 들지 않아 중간에 끼어들어 브레인스토밍 시간을 망치는 경우도 많다.

그렇다면 브레인스토밍을 성공적으로 하려면 어떻게 해야 할까? 먼저, 잊지 말아야 할 브레인스토밍의 7가지 원리를 살펴보자.

1. 판단을 뒤로 미루자

교실에서 아이디어를 내기도 전에 스스로 판단해 좋지 않다면 내지 않거나, 다른 사람의 판단이 두려워 지레 겁을 먹고 위축되어 아이디어

내길 무서워하는 경우가 있다. 아이디어 내는 과정에서 판단은 방해가 된다. 좋은 아이디어는 다양성에서 나오는 경우가 많다. 평가는 뒤로 미뤄서 많은 아이디어가 나올 수 있는 분위기를 만들자.

2. 거친 아이디어도 환영

브레인스토밍을 진행하다 보면 언뜻 봐서는 좋지 않은 아이디어가 나올 수 있다. 현실적으로 말이 안 되거나 장난처럼 보여도 비판하지 말자. 비판은 사람들의 사기를 떨어트리고 좋은 방향으로 발전할 수 있는 아이디어를 죽일 수도 있다. 어떤 아이디어든 칭찬해 주고 격려해 주자. 그런 분위기 속에서 수많은 아이디어가 나올 것이다.

3. 이미 나온 아이디어 활용하기

브레인스토밍을 진행하면 다양한 아이디어가 나올 것이다. 다른 사람의 아이디어나 기존에 있던 아이디어를 발전시켜 새로운 아이디어를 내보자. 다른 관점으로 아이디어를 보면 새롭고 창의적인 아이디어가 나올 수 있다. 그런 의미에서 연상의 효과를 살릴 수 있는 방법을 고려해야 한다.

4. 주제에 집중하자

주제에 집중하면 연관된 아이디어가 많이 나온다. 그만큼 깊이 있고 목적에 부합하는 아이디어가 나와 버려지는 아이디어가 적어진다. 주제와 관련 없는 것을 다양하게 연관 지어 생각하는 것도 좋지만 지속적으로 주제를 확인하면 더 현실적이고 좋은 아이디어가 나올 것이다.

5. 시각적으로 표현하자

포스트잇에 아이디어를 적어 벽이나 화이트보드 등에 붙여 모두 볼 수 있게 하자. 그림으로 표현하면 더욱 좋다. 어떤 도구든 사용해 시각적으로 아이디어를 생생하게 표현하면 더 명확히 전달할 수 있을 것이다.

6. 다른 사람의 말에 귀를 기울이자

다른 사람이 의견을 내놓거나 설명할 때 집중하자. 집중해서 들으면 아이디어의 이해도도 높아지고 그 아이디어를 통해 더 많은 아이디어를 낼 수도 있다. 또 사람들이 집중해서 들어준다면 말하는 사람도 더 적극적으로 아이디어를 낼 것이다.

7. 가능한 아이디어를 많이 내자

브레인스토밍의 잘 알려진 목적은 짧은 시간 안에 많은 아이디어를 내는 것이다. 많이 낼수록 더욱 다양해지며 좋은 아이디어가 나올 가능성이 높아진다. 좋은 브레인스토밍 세션에서는 평균 1시간에 100개 정도의 아이디어가 나온다.

아이디어가 잘 나오게 하기 위해서는 비판으로부터 자유롭고 안전하게 느끼며 즐겁고 창의적인 분위기가 필요하다. 그리고 이러한 분위기를 만들기 위해서는 적절한 룰이 필요하다. 교실에서 가장 쉽고도 효율적으로 진행할 수 있는 브레인스토밍 방법 2가지를 소개한다.

브레인스토밍 패치워크

교사가 부여해 주는 주제에 대해 다른 학생들의 생각을 들어가면서 자신의 브레인스토밍을 제시하는 과정이며 마지막에 모둠의 생각을 분류해 보는 활동이다.

이럴 때 좋아요!

- 빠른 시간 내에 친구들의 생각을 듣고 나눌 수 있게 하는 시간이 필요할 때
- 모둠원들의 다양한 생각을 확인하고 분류를 통해 정리할 때

활동 방법

1 포스트잇이나 메모지, 펜을 준비한다. 메모지는 서로 다른 색깔을 준비하는 것이 좋다.

2 선생님이 생각해야 할 주제를 제시한다. 주제 제시 후 생각할 수 있는 제한된 시간을 제공한다.

3 모둠 브레인스토밍을 한다. 생각나는 것을 모둠 친구들

에게 말하고 말한 것을 포스트잇에 옮겨 적는다. 허용된 시간 동안 최대한 많은 아이디어를 포스트잇에 적는다. 모둠 책상을 중앙에 놓고 포스트잇을 겹치치 않게 펼치도록 한다. 한 장에는 한 아이디어만 기록한다.

4 문제 해결하기 : 브레인스토밍을 한 포스트잇을 브레인스토밍 분류하기 학습지 틀에 맞춰 분류 작업을 할 수 있다. 기준 틀에 맞춰 분류를 한 뒤에는 베스트 아이디어를 선택하여 그 이유를 함께 나눠보는 시간을 갖는다. 또한 베스트 아이디어의 순위를 세워보는 활동도 의미가 있다. 모둠 내에서 문제 해결하기 활동을 할 때는 낮은 단계의 브레인스토밍 생각으로 판단되는 것이 일부 친구에게 몰리는 현상은 없는지 교사는 반드시 확인해야 한다.

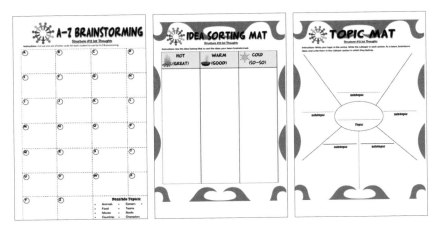

브레인스토밍 후 포스트잇 분류하기 학습지

기대 효과

- 다양한 아이디어를 빠르게 창
  출할 수 있다.
- 다양한 배경과 경험을 가진
  모둠원들 가운데 사고 확장이
  일어나게 한다.
- 친구들의 아이디어를 바탕으
  로 해서 좋다.
- 많은 아이디어와 해결책을 만
  드는 방법을 배울 수 있다.

활동 tip

- 브레인스토밍 아이디어를 낼 때는 비판이나 평가를 하지 않아요.
- 아이디어 생성 단계에서는 토론을 중지해요.
- 각자의 종이 색깔을 다르게 하면 아이디어를 구분할 수 있어요.
- 학습자 성향에 따라 말하고 공유하는 것을 어려워할 수 있는 학생들이 있음을 기억해요.

수업 시간에 활용하기

- 수학 : 대칭 물체, 20을 만드는 방법
- 과학 : 포유류, 곤충, 별자리
- 언어 : 등장인물을 표현하는 형용사, 책/연극의 등장인물
- 음악 : 현악기, 가지고 있는 CD
- 사회 : 나라들, 사회적 이슈를 해결하는 방법
- 클래스 빌딩 및 팀 빌딩
- ㄱ-ㅎ Brainstorming : 카드에 한글의 자음을 적어 각 글자에 대한 아이디어를 브레인 스토밍하기
- Idea Sorting Mat, Yes-No-Maybe Sorting, Topic Mat 등을 주제에 맞게 응용

외로운 종이 하나

친구들과 의견을 내고 서로 피드백을 주고받으면서 브레인스토밍한

내용을 재구조화할 수 있는 활동이다.

이럴 때 좋아요!

- 종이를 계속 옮기면서 재미있게 브레인스토밍을 하고 싶을 때
- 모둠원들의 다양한 생각을 확인하고 분류를 통해 정리할 때
- 연상 효과를 체험하게 해줄 때

활동 방법

1 모둠원들에게 5칸 줄이 인쇄되어 있거나 점선 칼로 나눈 종이를 하나씩 나눠주고 별도의 한 장은 모둠의 가운데에 놓는다. 포스트 잇에 연필로 선을 그어서 4칸 또는 5칸을 만든다.
2 교사가 주제를 정해 준다. 주제 제시 후 생각할 수 있는 제한된 시 간을 제공한다.

3 학생들은 한 번에 한 칸만 단어 하나를 적은 뒤 모둠 가운데에 종이를 제출하고, 모둠의 가운데에 놓여 있던 종이를 가져온다.

4 모둠의 가운데에서 가져온 종이에 이미 적혀 있는 것이나 3단계에서 본인이 기록한 단어 이외에 다른 것을 생각하여 하나만 기록한다. 3단계와 4단계를 반복한다.

5 채워진 종이를 한 곳에 모아서 어떤 내용들이 있는지 살펴본다.

칼국수
갈비
피자
망고

학생1

설렁탕
수박
파전
참외

학생3

콩나물
짜장
육개장

책상 가운데 자리에
놓인 종이

학생2

김치찌개
치킨
삼겹살
풍듀

학생4

아이스크림
라면
짬뽕

6 모둠원들이 주제에 맞게 분류한 뒤 포스트잇에 기록해 놓은 단어
   들을 자른다.

기대 효과

- 다양한 친구들의 의견을 허용된 분위기로 보고 확인할 수 있어 연
  상을 하는 데 도움이 된다.
- 분류하는 과정에서 서로의 의견을 충분히 들어볼 수 있다.
- 생각의 속도가 빠른 친구와 느린 친구들의 속도 차를 인정해 주는
  시간이 된다.

활동 tip

- 문제해결학습으로 사회 이슈를 해결하는 방법에 대해 기록해 보면
  서 사고의 폭을 확장할 수 있어요.
- 중간에 활동을 멈추고 20초간 다른 모둠원들의 생각을 보고 올 수
  있는 시간을 마련해 주면 생각을 더욱 넓힐 수 있어요.

수업 시간에 활용하기

- 수학 : 도형의 종류와 분류
- 과학 : 실험 도구의 종류와 분류
- 언어 : 동사, 형용사의 종류와 분류
- 음악 : 악기의 종류와 분류
- 미술 : 감상 수업에서 그림의 분류

11

발견하기 학습

규칙을 찾아라, 관찰 노트 테이킹

초보 요리사들은 요리를 할 때 인터넷에서 레시피를 검색한다. 그리고 레시피대로 맛있는 요리를 만들어낸 후 다음에 똑같은 요리를 만들 때 또다시 레시피를 찾아본다. 때로는 음식의 맛이 어딘가 부족해도 그것이 무엇 때문인지 깨닫지 못하고 레시피만을 들여다보며 비교할 때가 많다. 반면에 능숙한 요리사들은 여러 번의 요리 경험을 통해 각 재료의 특징과 맛을 정확히 알고, 부족한 맛을 채우기 위해 필요한 재료가 무엇인지 알고 있다.

이처럼 선생님이 일목요연하게 정리해 준 학습 자료만으로도 학생들은 주어진 문제를 잘 해결할 수 있지만, 문제가 조금만 비틀어지면 당황하게 된다. 어떻게 하면 더 오래 지식을 기억하고 더 유용하게 지식을 활용할 수 있을까?

정보가 쏟아지는 현대 사회에서 학생들은 궁금증이 생길 때 주저하지 않고 인터넷 검색을 통해 답을 찾곤 한다. 검색은 빠르고 간편하게 필요한 정보를 얻을 수 있는 방법이지만, 이렇게 알게 된 정보는 기억에서 금방 사라진다. 반면에 오랜 시간 동안 고민하고 가정을 세우며 스스로 생각해 내고 발견한 정보는 기억에 오래 남는다. 또한 이 과정에서 우리는 단순히 정보만 습득하는 것이 아니라 문제를 해결하고 이해하게 된다. 이처럼 스스로 생각하고 깨달음을 얻는 것은 지식을 형성하는 데 큰 역할을 한다.

수업에서 '발견하기'는 학생들이 주체적으로 학습에 임하고 지식을 습득하고 활용하는 환경을 조성해 준다.

1. 깊은 이해 및 기억력 강화

스스로 가설을 세우고 검증하여 얻어낸 지식은 주체적이고 의미 있는 경험이기 때문에 오래 기억에 남는다. 또한 발견하는 과정에서 겪는 실패와 성공은 견고하고 깊은 이해로 이어지며, 단순히 정보를 습득하는 것을 넘어서 지식을 근본적으로 이해하고 학습 경험을 더욱 풍부하게 만든다.

2. 지식의 응용력 향상

발견하기를 하기 위해서 학생들은 자신이 가지고 있던 스키마를 적극적으로 활용할 뿐만 아니라 다양한 관점에서 문제나 대상을 살펴보게 된다. 이 과정에서 학생들은 주체적으로 탐구하며 얻은 지식을 여러 상황에 적용하는 방법을 습득할 수 있고, 새로운 도전 기회가 왔을 때 더욱 효과적이고 창의적인 방법으로 대처할 수 있다.

3. 문제해결능력 증진

학생들은 스스로 필요한 자원을 찾아서 활용하며, 문제를 정의하고 해결해 나간다. 이러한 경험은 학생들이 문제 상황에서 적극적으로 생각하고 행동하는 능력을 함양하게 한다.

이처럼 학생들은 발견하기를 통해 자유롭게 탐구하고 지식을 온전한 자기의 것으로 만들 수 있다. 적은 시간과 노력으로 발견하기를 간단하게 도전해 볼 수 있는 수업 구조 2가지를 소개한다.

규칙을 찾아라

두 가지 상반되는 개념을 배울 때 두 개념을 명확하게 구분하도록 도울 수 있는 발견하기 수업 구조이다.

이럴 때 좋아요!

- 상반된 두 개념을 배우기 시작할 때 도입 활동으로
- 큰 맥락을 배운 뒤 자세한 내용을 설명하기 전에

활동 방법

준비하기

1 교사는 큰 주제 2개와 주제에 따른 아이템 목록을 준비한다. 예를 들어 주제가 '여름-겨울'이라면 교사는 여름이란 주제에 속한 수박, 아이스크림, 샌들 등의 아이템과 겨울이란 주제에 속한 귤, 붕어빵, 털부츠 등의 아이템을 준비한다. 이때 아이템은 단어 카드나 그림 카드가 될 수도 있고 실제 물건이 될 수도 있다.

2 교사는 칠판을 두 구역으로 나누고 각 구역에 A, B라고 이름 붙인다. 이는 아이템을 하나씩 배치하기 위한 준비로, 상자를 두 개 준비하거나 PPT를 활용해도 괜찮다.

3 학생들은 4명을 한 모둠으로 구성한다. 옆자리에 앉은 짝과 한 번, 마주 보고 앉은 짝과 한 번, 총 두 번 토의를 하게 된다.

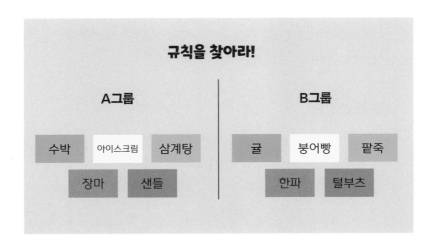

모둠별 토의 시간

1 교사는 칠판의 A, B 구역에 첫 번째 아이템을 배치한다. 학생들이 아이템만을 보고 주제에 해당하는 카테고리를 추측해 나가는 활동이기 때문에 아이템을 보자마자 카테고리를 추측하기 어렵도록 공개하는 순서에 유의하도록 한다.

2 학생들은 옆자리에 앉은 짝과 함께 A, B에 해당하는 주제가 무엇일지 짧게 추측한다.

3 교사는 두 번째 아이템을 공개한다.

4 학생들은 이번에는 마주 보고 앉은 짝과 함께 주제를 추측한다.

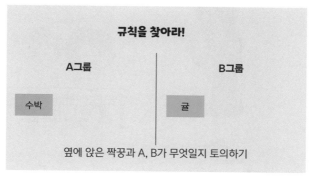

옆에 앉은 짝꿍과 A, B가 무엇일지 토의하기

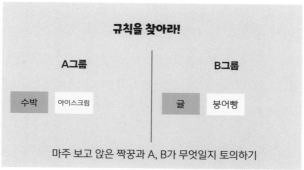

마주 보고 앉은 짝꿍과 A, B가 무엇일지 토의하기

5 학생들이 규칙을 추측할 때까지 몇 번 더 반복한다.

교실 전체의 검증 시간

1 모둠 활동을 마무리하고, 추측한 규칙을 교실 전체가 다 함께 검증한다. 이때 바로 규칙을 공개하지 않고 카테고리에 추가로 올 수 있는 아이템들에 대해 먼저 이야기를 나눈다.

2 규칙이 검증되면 이번에는 선생님이 제시한 새로운 아이템들을 규칙에 따라 분류해 보는 시간을 가진다. 이때 A그룹에 들어가면 1을, B그룹에 들어가면 2를 손가락으로 표시해 보도록 하여 모두의 참여를 독려한다.

기대 효과

- 가설을 설정하고 검증하는 사고를 촉진할 수 있다.
- 규칙을 계속해서 공유하고 검증해 나가며 생각을 입으로 말하는 훈련이 된다.
- 그래픽 오거나이저를 통해 시각적 문해력이 향상된다.
- 학습한 내용을 스스로 유목화할 수 있다.

활동 tip

- 다 함께 규칙을 검증하는 단계에서 학생이 틀렸을 경우 부드러운 대처가 필요해요.
- 학생들이 단번에 규칙을 발견하지 못하고 다양한 추측을 통해 가설을 점진적으로 검증해 나갈 수 있도록 예시를 체계적으로 제시하는 것이 좋아요.
- 틀린 것이 드러나는 것을 두려워하는 학생들을 위해서 큰 움직임이 필요 없는 가벼운 제스처를 통해 모두가 참여할 수 있도록 유도해요.
- 단어가 아닌 실제 물건, 사진 등을 적극적으로 활용해요.
- 마무리 활동으로 다양한 아이템이 쓰인 플래시 카드를 나눠주고 분류하게 할 수도 있어요.

수업 시간에 활용하기

- 사회 : 민주주의와 공산주의, 중세와 근대
- 과학 : 바닷물과 민물, 별과 행성, 동물세포와 식물세포
- 음악 : 고전과 현대, 베토벤과 모차르트, 바이올린과 첼로
- 미술 : 초상화와 정물화, 모네와 마네
- 언어 : 직유와 은유, 사실과 의견, 동사와 명사
- 수학 : 원과 사각형, 직선과 곡선

관찰 노트 테이킹

한 가지 대상을 자신과 친구들의 시선으로 골고루 바라보며 묘사하는 수업 구조이다. 이 과정에서 학생들은 새로운 아이디어와 관점을 발견할 수 있다.

이럴 때 좋아요!

- 사진 하나에서 다양한 이야기를 끌어낼 수 있을 때
- 정답 없이 다양한 의견을 들어보는 것이 필요할 때

활동 방법

1 교사는 관찰 대상이나 사진을 학생들에게 보여준다. 학생들은 주어진 대상을 관찰하며 1분간 글을 쓴다. 1분이 지나면 교사는 대상을 숨긴다.

2 각자가 쓴 글을 조별로 돌아가면서 서로 읽는다. 서로의 글을 읽고 간단하게 피드백을 남긴다.

3 교사는 관찰 대상을 다시 보여준다. 학생들은 조별로 대상을 함께 관찰하며 새로 발견한 내용들을 나눈다. 친구들의 이야기를 들으며 새롭게 든 생각을 가볍게 메모하도록 한다.

4 다시 1분간 다른 친구들의 글과 말로부터 얻은 아이디어를 바탕으로 글을 새로 쓴다.

기대 효과

- 대상을 자세히 관찰하는 능력과 함께 다양한 시각으로 바라보는 능력이 향상된다.
- 자신의 생각을 글과 말로 표현할 수 있다.
- 관찰한 내용을 서로 나누며 다른 관점을 이해하고 배울 수 있다.
- 다른 친구의 이야기를 경청하는 자세를 배울 수 있다.

활동 tip

- 상상력을 유발할 수 있거나 다양한 요소가 숨어 있는 대상을 선정하는 것이 학생들마다 다양한 이야기를 끌어낼 수 있어서 효과적이에요.
- 학생들이 다른 학생들의 글이나 말을 그대로 베끼지 않도록 주의해야 해요.
- 글 사이에 우열을 매기지 말고 글의 내용을 서로 공유하는 것에 집

중하도록 해요.

- 다른 친구가 자신의 글을 공유했을 때 긍정적 반응을 보이도록 지도해요.

수업 시간에 활용하기

- 역사 : 역사적 사건을 그린 명화, 전쟁 사진, 영화의 한 장면
- 과학 : 바다 생태계 사진, 세포
- 문학 : 책 표지, 삽화, 이야기의 배경 장소
- 미술 : 그림이나 조각 작품
- 팀 빌딩 : 혼란스러운 교실 상황, 공공장소

12
생각 나누기
말하기 여권, 쪽지 떼어내기

참여형 수업을 할 때 발생하는 문제점을 현장에 있는 교사들은 누구보다 잘 알고 있다. 존슨(D. W. Johnson)과 존슨(R. T. Johnson)은 '모둠 이론과 모둠의 기술'에서 학생들의 상호작용에서의 경험이 부정적일 경우, 학생들은 부정적 감정이 해결되지 않았음에도 불구하고 합의 도출 과정에서 다수를 좇아가는 경향이 있다는 연구 결과를 발표했다. 이럴 경우 해결되지 않은 문제, 학습 과정에서 해소되지 않은 궁금증 등을 해결하지 않은 채 대충 정리한다고 보고하고 있다. 도승이와 김은주는 〈협동학습에서 과제와 사회적 요소의 작용〉이라는 연구 논문에서 학생들이 협동학습 수업에서 이른바 '분위기 안 좋은 조'에 있을 때 개념이 혼란스럽고, 조원 간 반대에 부딪히거나, 과제가 어려울 경우 조원 간에 어느 정도 상호작용을 한 후에 교사에게 명료화를 위한 피드백을 구한다고 보고하고 있다.

모둠 안에서의 부정적인 감정과 분위기 안 좋은 조의 공통적인 특징은 서로의 의견에 대한 존중과 감사가 없다는 것이다. 서로 간의 생각을 나누는 수업 활동에서 교사가 기억해야 할 점은 학생들이 자신의 생각이 존중받기를 원한다는 것이다. 존중받는다고 느끼면 마음이 쉽게 열리기 마련이다.

이번 장에서는 교실에서 재미있으면서도 경청으로 서로 존중을 연습할 수 있는 생각 나누기 방법 2가지를 소개한다.

바꿔 말하기 여권

친구들에게 의견을 제시하고 의견을 듣는 친구들이 제대로 이해하고 있는지 확인해 볼 수 있는 시간을 가질 수 있는 활동이다.

이럴 때 좋아요!

- 나의 생각이 다른 친구들에게 어떻게 해석되고 있는지 확인받고 싶을 때
- 다양한 생각들을 경청하여 듣고 피드백할 수 있는 기회를 갖고 싶을 때

활동 방법

1 교사가 개방형 주제를 선정하여 발표한다.
2 발표한 주제에 대해 자신의 생각을 정리하는 시간을 갖는다.

3 교사는 모둠 내 짝을 정해 주거나 일어나서 돌아다니며 짝을 찾을 수 있도록 한다. 짝을 찾으면 하이파이브를 하여 짝이 되었음을 알린다.

4 학생 A는 자신의 여권을 가지고 있으면서 학생 B에게 자신의 의견을 전달한다. (여권에 있는 문구는 앞의 친구가 한 말에 대해 재진술을 하고 나서 그 말이 맞는지를 확인하는 질문의 틀이 담겨져 있다.)

5 학생 B는 A 학생의 말을 바꿔서 표현해 보고 A학생에게 확인을 받는다. 학생 A는 학생 B의 정확도에 따라 반응을 해준다. (학생 A : 우리 반의 가장 좋은 점은 게임을 많이 해서 분위기가 밝은 점이라고 생각해. 학생 B : 그러니까 네 말은 우리 선생님께서 평소에 게임을 해주셔서 학생들이 밝고 서로 사이가 좋다는 말이지? 맞니?)

6 학생 B가 학생 A의 표현을 정확하게 이해하는 것에 성공했다면 학생 A는 자신의 여권을 B 학생에게 넘겨주고 B 학생의 이야기를 들을 준비를 한다. (성공했을 때 : 내 말을 정확하게 이해해 줘서 고마워! / 정확한 표현이 아니라면 : 내 생각이 전달되지 않은 것 같아. 다시 말해 볼게.)

7 역할을 바꿔서 학생 B가 학생 A에게 자신의 생각을 전달해 본다.

기대 효과

- 사회적 기술(타인의 욕구, 감정, 생각)의 발달에 도움이 될 수 있다.
- 공감을 배울 수 있는 기회를 얻을 수 있다.
- 타인으로부터 배우는 거울뉴런의 발달을 가져올 수 있다.

활동 tip

- 앞의 친구의 말에 대한 감정도 설명할 수 있도록 하면 좋아요.
- 바꿔 말하고 확인을 받는 멘트를 하게 하면 좋아요. (예 : ~ 라는 거죠? 맞나요?)
- 잘 바꿔 말했을 때는 칭찬의 멘트와 함께 여권을 넘길 수 있도록 해요.

수업 시간에 활용하기

- 수학 : 문제 푸는 방법, 일상 생활에서 수학을 사용하는 방법
- 과학 : 실험 절차, 실험 결과 해석, 산성비, 멸종
- 언어 : 가장 좋아하는 이야기, 등장인물의 동기, 책 줄거리, 이야기 요소 질문
- 학급경영 : 우리 반의 가장 좋은 점, 개선하고 싶은 점
- 미술 및 음악 : 작품 감상

쪽지 떼어내기

교사가 부여하는 주제에 대해 학생들 각자가 쪽지에 문제와 답을 기록한 뒤 다른 학생과 문제에 대한 정답을 맞혀보는 활동으로, 문제 쪽지를 상대방과 주고받으면서 생각 나누기를 좀 더 활기있고 재미있게 할 수 있는 시간이 되게 한다.

이럴 때 좋아요!

- 놀이하듯이 재미있게 퀴즈를 맞히며 생각을 나눌 수 있게 하는 시간이 필요할 때
- 다양한 질문을 확인하고 여러 문제 중에 자신이 선택한 문제에 답을 하는 기회를 갖게 하여 자신감을 키워주는 학습이 필요할 때

활동 방법

1 교사는 주제를 발표한다. 교과 학습에 관련된 내용 및 학생 개개인에 관련된 내용을 주제로 정하면 좋다.

2 학생들은 메모지에 질문과 답을 적는다(3~5개 정도 메모지 만들기). 이때 질문은 앞면에, 답은 뒷면에 적도록 한다. 누가 만든 문제인지 알아야 할 경우가 생기므로 문제를 제작한 학생의 이름을 반드시 기록하도록 한다.

3 클립보드, 칠판, 종이 또는 자신의 몸 등에 메모지를 붙인다(3-5개 정도 메모지 붙이기). 상대방과 질문지를 동시에 확인할 수 있도록 팔이나 배쪽에 붙일 수 있도록 유도한다.

4 일어나 돌아다니며 짝을 찾는다. 짝을 찾으면 하이파이브를 하여 짝이 되었음을 알린다.

5 짝의 질문 중 하나를 골라 답을 한다. 답이 맞다면 정답을 맞힌 질문의 메모지를 가져와 자신의 몸에 붙인다. 정답을 맞히지 못했을 경우에는 메모지를 가져오지 않는다.

6 파트너와 대화가 끝나면 또 다른 파트너와 만나 4~5단계 과정을

반복하고 시간이 다 되면 팀으로 돌아간다.

기대 효과

- 학생들 간에 소통, 상호작용을 강화하여 긍정적인 학습 환경을 조성한다.
- 경청을 통해 사회적 기술을 배운다.
- 학생들이 서로를 이해하고 존중하는 데 도움을 준다.
- 다른 학생들과 함께 질문하고 답하며 학습 내용을 오래 기억할 수 있게 한다.

활동 tip

- 혼자 남는 학생이 없도록 신경을 써요.
- 같은 짝과 너무 오래 대화하지 않도록 시간을 제한해요.
- 어수선해질 수 있으므로 벨 울리기 등 물리적 장치를 활용해요.

수업 시간에 활용하기

- 국어 : 글 읽고 내용 확인하기, 글에 대한 생각 나누기
- 수학 : 공식 암기하기, 여러 가지 풀이법 공유하기
- 영어 : 단어 암기하기, 영어 지문 이해하기
- 사회 : 사회 현상에 대하여 토론하기
- 클래스 빌딩 및 팀 빌딩 : 자신에 대한 문제와 답을 서로 맞히기
- 배운 내용 복습하기

13

목적 달성을 도와주는 촉진제

퍼실리테이션

    회의 시간에 "의견 있으신 분?"이라는 질문에 모두가 급히 눈을 피하고는 침묵이 유지되는 상황을 경험한 적 있지 않은가? 괜히 의견을 꺼냈다가 비난받거나 혹은 의견을 낸 사람의 몫이 되어버리는 경우가 있으니 누구 하나 선뜻 의견을 내기 쉽지 않은 경우가 있다. 반대로 회의를 진행하는 리더의 말이 길어지거나 한 사람의 의견만 계속해서 이어지는 경우도 있다.

    수업이나 학급 활동에서도 비슷한 경우들이 있다. 모둠이나 전체 활동 중에 모두의 참여를 기대하기란 쉽지 않다. 하지만 독재적으로 누군가의 의견으로 결정하기보다 모두의 의견을 이야기하고 결정에 주체적으로 참여할 수 있도록 돕는 것이 필요하다. 이를 위해 교사는 학생들이 모둠 활동에 적극적으로 참여하고 자발적으로 선택할 수 있도록 도와주는 'Helper'로서의 역할, 곧 '퍼실리테이터'의 역할을 할 수 있다.

'퍼실리테이션(facilitation)'은 '쉽게 하다, 용이하게 하다, 편리하게 하다'라는 뜻으로 라틴어 'facile'에서 유래된 말이다. 그룹의 활동에 관여하여 그 그룹의 목적을 쉽게 효율적으로 달성할 수 있도록 촉진하고 도와주는 활동을 의미한다.

누군가에게 과제나 의견이 쏠리지 않고 모두가 참여하여 활동이 잘 진행될 수 있도록 독려하고 도와주는 것이 퍼실리테이션이다. 교사는 이 퍼실리테이션을 활용하여 학생들의 활동이 원활하게 되도록 돕는 '퍼실리테이터'가 되는 것이다.

퍼실리테이션을 활용하기 위해서 제일 먼저 할 것은 '활동 설계'다. 다음의 조건을 고려하며 단계별로 기법을 선정하고, 주어진 시간 내에 효율적으로 목표에 도달하도록 해야 한다.

1. 목표 확인하기

가장 먼저 수업 활동을 통해 얻고자 하는 목표가 무엇인지 명확히 확인해야 한다. 목표 달성을 위해 가장 적합한 퍼실리테이션 기법을 찾아보고 적용해야 한다.

2. 모둠원 구성하기

모둠 활동에 참여하는 구성원의 특성에 따라 편차가 생길 수 있음을 고려하여 목표 달성에 가장 적합하게 모둠을 구성하도록 한다.

3. 정해진 시간 확인하기

목표 달성을 위해 시간을 적절하게 배분하고 안내해야 한다.

4. 공간 확인하기

공간이 충분한지, 활용할 수 있는 도구가 있는지 확인해야 한다. 주어진 공간에서 활용할 수 있는 기법으로 설계해야 한다.

이럴 때 좋아요!

- 학급에서 중요한 결정을 해야 하는 상황
- 학급의 아이디어를 모아야 하는 상황
- 문제해결 방법을 도출해야 하는 상황

활동 방법

	과정	활동 종류	활동 방법	참고 사항
1단계	주제 제시		교사가 사전에 연구 과제나 토론 주제를 준비하여 학생들에게 자세히 설명한다.	활동의 목적과 결과를 구체적으로 설명한다.
2단계	체크인	브레인 스토밍	① 모든 학생이 주제에 대해 자신이 알고 있는 내용을 포스트잇에 적는다. ② 모두가 볼 수 있도록 게시한다.	오개념을 잡아주려고 한다거나 지적하는 등 평가하지 않아야 한다.
		역 브레인 스토밍	① 목표에 반대되는 상황을 설정하고 반대로 생각하여 쓴다. ② 목표에 도달하는 쉬운 방법을 쓴다.	예) 지각하지 않으려면? • 역) 늦게 자고 늦게 일어난다. • 역) 아침에 준비물을 챙긴다. → 일찍 자고 일찍 일어난다. → 준비물은 전날 미리 챙긴다.

단계		기법	내용	비고
3 단 계	표출 하기	브레인 라이팅 (6-3-5 기법)	① 6명이 한 조를 구성한다. ② 5분 동안 3개의 아이디어를 적는다. ③ 5분이 지나면 작성한 종이를 오른쪽 사람에게 넘긴다. ④ 받은 사람은 그 밑에 3개의 아이디 어를 추가한다. ⑤ 모두 돌아가면 마친다.	30분 이내에 108개의 새로운 아이디어를 얻을 수 있다.
		리치 픽쳐	① 전지와 그리기 도구를 준비한다. ② 각자가 그림 그릴 위치를 모둠원과 협의한다. ③ 주제에 대한 자기 생각을 그림으로 그린다. ④ 그린 그림에 대해 모둠원에게 설명 한다. ⑤ 그림의 공통점을 찾아 제목을 붙인다.	그림을 평가하는 것이 아니므 로 그림 실력에 대한 부담을 내 려놓을 수 있도록 독려한다.
4 단 계	체계화 하기	T차트	① 앞에서 나온 의견을 모으고 서로 반 대되는 내용을 분류한다. ② 종이를 반으로 나누어 각 의견을 양 쪽에 붙인다.	처음부터 각각 찬반 의견을 나 누어 진행하는 것도 가능하다.
		친화 도법	① 앞에서 나온 의견 중 유사한 의견들 끼리 묶는다. ② 유사한 의견은 표시하여 분류한다.	
5 단 계	의사 결정 및 실행		① 구분한 의견들을 토대로 충분히 논 의한다. ② 이에 따른 의사 결정과 실행을 한다.	

브레인스토밍

역브레인스토밍

리치픽쳐

T차트

친화도법

	아이디어 1	아이디어 2	아이디어 3
모둠원 1			
모둠원 2			
모둠원 3			
모둠원 4			
모둠원 5			
모둠원 6			

3단계 표출하기 〈6-3-5 기법〉 활동지

기대 효과

- 빠른 시간 안에 높은 성과를 끌어낼 수 있다.
- 학생들이 자발적으로 아이디어를 내고 이것을 모으고 분류하고 비교하면서 결론을 내게 된다.
- 각 학생의 다양한 의견을 빠짐없이 들을 수 있다.
- 학생들이 전체 의사결정 과정에 주체적으로 참여하는 과정을 경험하면서 자율성을 기르고 적극성을 기를 수 있게 된다.
- 학생 모두에게 역할이 주어지기 때문에 책임감과 주체적 선택으로 인한 주인의식을 갖게 된다.

활동 tip

1 교사가 퍼실리테이터(헬퍼)임을 기억해요. 교사가 지도하고 유도하기보다 학생들이 주도적으로 의견을 낼 수 있도록 충분히 기다려줘야 해요.

2 모든 사람이 의견을 동등하게 낼 수 있도록 해요. 비난하거나 조롱하지 않고 다른 사람의 생각과 의견에 존중하고 경청하는 태도를 가지도록 해야 해요.

3 하나에는 하나의 의견만 쓰도록 해요. 퍼실리테이션에서 포스트잇을 활용하는 경우가 많아요. 포스트잇에 여러 의견을 나눠서 쓰거나 작은 글씨로 쓰지 않도록 주의해야 해요. T차트나 친화도 등으로 가시화해서 다른 학생들이 보는 경우들이 많아요. 그러므로 하나의 도구에는 한 가지만 잘 보이도록 적는 것이 좋아요.

4 침묵 신호를 정해요. 모둠 활동으로 많은 의견을 주고받게 되면 교사의 수업 진행이 어려워지는 경우들이 있어요. 함께 수신호를 정하고 침묵 신호로 정해 둔다면 학생들은 하던 것을 멈추고 교사에게 집중할 수 있어요.

수업 시간에 활용하기

- 국어 : 주제에 대해 찬성/반대 의견 나누기
- 수학 : 문제 풀이 방법 찾기
- 사회 : 사회 현상을 주제로 토론하기
- 학기 초 : 학급 규칙 세우기

14

독서 질문 수업

티키타카 질문카드, 톡톡 질문카드

짝을 이루어 대화하고 토론하는 하브루타는 특별한 유대인을 만들었다. 하브루타는 뇌를 격동시켜 최고의 뇌로 만들어주는 역할을 한다. 토론과 논쟁은 뇌를 계발하는 가장 효율적인 방법이며, 고등 사고력을 기르는 최고의 방법이다.

질문의 체계가 있는 것을 학생들도 이해하고 있다면 훨씬 더 효율적이고 질적으로 높은 수준의 독서 나눔 시간을 가질 수 있을 것이다. 교사들이 학생들에게 가르쳐 줄 수 있는 쉬운 질문 체계와 방법을 알아보자.

티키타카 질문카드 활용법(이야기 중심 도서)

현장에 있는 교사들이 수업 시간에 쉽게 사용할 수 있는 질문의 체계를 연구하면서 깨닫게 된 점이 있다. 학생들에게 혼자서 질문을 만들어볼 수 있는 시간을 많이 할애해 주면 깊이 있는 질문이 많이 나올 것이라고 생각했지만 혼자만의 생각보다는 샘플 질문을 많이 연습하면서 응용해 볼 수 있는 시간을 만들어주는 게 더 효율적이라는 것이다.

티키타카 독서질문카드

하브루타와 질문에 대해 연구하면서 질문의 체계를 블룸의 사고 영역에 맞추어 질문 체계를 세워보았다.

단계 이름	BLOOM의 사고 6 영역	개요	질문의 영역	단계 설명
느낌 질문 (느낌과 생각 질문 단계)		느낌 / 공감	1. '이 장면에서 뭘 느꼈어?' 질문(장면에 대한 감정) 2. '○○이는 어떠했을까?' 질문(인물의 감정을 상상해 보는 질문) 3. '어떤 생각이 들어?' 질문	1. 책을 읽으면서 장면 장면에 대한 친구들의 느낌을 물어보는 질문(감정 카드와 함께) 2. 책 속의 인물의 생각, 기분, 감정을 상상하여 물어보는 질문 3. 주인공에 대한 나의 마음이 어느 정도 되는지 물어보는 질문(숫자 질문)

1단계 '뭐였더 라' 질문	기억, 지식	내용파악 / 기억,확인 질문	1. '뭐였더라' 질문 (내용 파악) 2. '그거였던가?' 질 문(확인 질문) 3. '그게 맞아?' 질문 (Yes No 질문)	1. 책을 읽고 내용을 얼마나 기억하 는지를 물어보는 질문(W 질문) 2. 책 내용이 정확하게 어떤 것이었 는지 확인해 보기 위해 하는 질 문(Yes No 질문)
2단계 '관계' 질문	비교, 분석	관계, 비교 (비슷한점 , 다른 점) / 관찰	1. '비교해 봐!' 질문 (공통점, 차이점, 유사점) 2. '어떤 관계야?' 질 문(연관성)	1. 인물의 성격, 심리를 분석한 후 비슷한 점과 다른 점을 찾아내게 하는 질문 2. 인물의 관계나 책에 나오는 문장 의 연결성에 대한 질문 3. 이미 읽었던 다른 책과의 연결성 (공통점, 차이점, 유사점)을 묻 는 질문
3단계 '설명해 줘' 질문	이해	자신이 이해한 것을 설명, 묘사, 해석 / 개념	1. '쉬운 말로 말해 줘!' 질문(이해한 바를 설명) 2. '쉬운 말로 묘사해 줘!' 질문(묘사) 3. '무슨 의미야?' 질 문(의미)	1. 문장이나 장면에 대한 자신의 이 해를 풀어서 말해 보게 하는 질 문(쪽수를 표시) – 쉬운 말로 표현하기 – 책에서 찾은 문장에서 의미하 는 것을 묻는 질문 – 페이지를 적고 지문을 찾아서 질문 – 숨은 뜻이 무엇인지를 묻는 질문 – 자신의 말로 표현하기 질문 2. 유치원 아이에게 쉽게 설명하려 면 이 부분에 대해 어떻게 묘사 할 수 있을지를 묻는 질문 3. 무슨 의미일지를 묻는 질문
4단계 '왜' 질문	분석	이유 / 논리	1. '왜?' 질문 (책에 이유가 나와 있음) 2. '짐작' 질문 (상상 해서 말하기, 책에 없음)	1. 책의 내용에 대한 이유를 묻는 질문(책에 답이 나옴) 2. 책에 나와 있지는 않지만 이유와 근거를 말하게 하는 질문

5단계 '만약' 질문	적용, 창작	상상 / 가정, 상상	1. '만약~ 라면' 질문 (가정) 2. '내가 만약' 질문 (적용)	1. 가정을 통해 읽은 이의 생각, 의견을 묻는 질문 2. 그다음 이야기를 상상해 보게 하는 질문 3. 주인공이 되었을 때 어떻게 할지에 대한 질문
6단계 '+−÷' 질문 (+합치기 −요약 ÷분류)	분석	분리와 합체, 요약 / 관계	1. '요약해 봐' 질문 2. '분류해 봐' 질문 3. '합쳐봐' 질문	1. 기준을 가지고 책의 인물을 분류해 보는 질문 2. 짧게(2~4줄) 요약해 보게 하는 질문 3. 책의 내용을 흐름에 맞춰 나눠 보게 하는 질문(예 : 처음−가운데−끝, 발달, 전개, 절정, 결말) 4. 다른 이야기와 같이 합쳐지면 어떤 이야기로 전개될까를 묻는 질문
7단계 '그래서' 질문 (실천 질문)	평가, 적용	평가와 실천 / 판단, 실천, 배움, 관점	1. '무슨 이야기가 하고 싶어' 질문 2. '주제를 말해 봐' 질문 3. '그 인물은 어떤 것 같아?' 질문 4. '이 책의 작가가 고민했어야 하는 것은?' 질문 5. '책을 읽고 어떻게 하고 싶어?' 질문	1. 배운 내용을 어떻게 실천할지 묻는 질문 2. 인물에 대한 평가를 묻는 질문 3. 내용 전체에 대한 평가를 묻는 질문 4. 작가가 이야기 하고 싶은 것(주제)을 묻는 질문 5. 책의 문제점에 대해 고민해 보게 하는 질문 6. 다른 이들의 책에 대한 관점을 들어보게 하는 질문

　　교사가 단계별 질문 체계를 이해했다면 막연히 단계별 질문의 영역을 설명하려 하지 말고 학생들에게 각 단계에 맞는 다음의 샘플 질문을 각각의 카드로 만들어 학생들에게 나눠주도록 하여 자연스럽게 따라하

게만 해도 사고력이 길러질 수 있다. 또한 샘플 질문카드를 작성한 뒤 이 독서 카드를 이용하여 여러 가지 방법으로 나눔을 가질 수 있다. (아래의 샘플 질문뿐 아니라 더 풍성한 질문으로 수업하기 원하는 교사는 시중의 교육 물품 인터넷 쇼핑몰에서 저자가 제작한 [톡톡 독서질문카드 - 소담메이커스]를 구입하여 사용하는 것을 추천한다.)

	번호	샘플 질문
0단계 **(느낌)**	1	이 책을 읽고 난 뒤 어떤 느낌이 들어? 예) 〈토끼와 거북이〉를 읽고 난 느낌이 어때?
	2	이 책의 등장인물 중 가장 마음에 드는 인물과 가장 마음에 들지 않는 인물은 누구야? 그 이유는? 예) 〈토끼와 거북이〉 이야기에서 가장 마음에 드는 인물과 가장 마음에 들지 않는 인물은 누구야? 그 이유는?
	3	이 책에 상을 준다면 어떤 상을 주고 싶어? 예) 〈토끼와 거북이〉 책을 읽고 나서 이 책에 상을 준다면 어떤 상을 주고 싶어?
1단계 **(뭐였더라)**	1	(무엇 질문) 이 책의 주인공인 □□에게 무슨 일이 있었나? 예) 토끼와 거북이에게는 무슨 일이 있었나?
	2	(누구 질문) □□을 한 주인공은 누구인가? 예) 경주에서 우승한 주인공은 누구인가?
	3	(언제 질문) □□이는 언제 □□을 하였나? 예) 토끼는 언제 잠에서 깨어났나?
	4	(Yes No 질문) □□이는 □□을 하였나? 예) 토끼는 최선을 다해 경주에 참여했나?

2단계 **(관계)**	1	이 책의 인물 중 나(친구, 가족)의 성격과 닮은 인물은? 예) 〈토끼와 거북이〉 등장인물 중 나와 성격이 비슷한 인물은?
	2	이 책의 □□이를 동물이나 캐릭터로 비유하면 어떤 동물이나 캐릭터에 가까울까? 예) 이 책의 토끼와 거북이를 캐릭터로 비유하면 어떤 캐릭터에 가까울까?(카카오프렌즈, 만화영화 등)
	3	□□이와 □□이는 어떤 관계일까? 예) 토끼와 동물들은 어떤 사이일까? 예) 숲 속 동물들은 누구를 더 많이 응원했을까?(토끼 vs 거북이)
3단계 **(설명해 줘)**	1	이 책의 내용을 유치원 동생에게 2분 정도의 시간 동안 전해준다면 어떻게 요약해서 말해 줄래? 예) 〈토끼와 거북이〉를 유치원 동생에게 2분 정도 요약해서 말해 줄래?
	2	네가 쇼핑 호스트가 되어 이 책을 판매한다면 어떤 자막과 어떻게 소개할 수 있을까? 예) 네가 쇼핑 호스트가 되어 〈토끼와 거북이〉 책을 판매한다면 어떻게 소개할 수 있을까?
	3	이 책을 읽으면서 가장 마음이 편안했던 순간은 어느 부분이야? 예) 〈토끼와 거북이〉 이야기에서 가장 마음이 편안했던 순간은 어느 부분이야?
4단계 **(왜)**	1	□□은(는) 왜 □□ 했나? 예) 달리기가 빠른 토끼는 왜 거북이에게 졌나?
	2	왜 □□은 □□을 좋아할까? 예) 왜 숲 속 친구들은 거북이를 응원했을까?
	3	왜 □□이는 □□한 생각을 했을까? 예) 왜 토끼는 당연히 자기가 이겼을 거라고 생각했을까?

5단계 (만약)	1	만약 네가 (　　)이라면 어떻게 했을 것 같아? 예) 네가 거북이라면 토끼의 경주 제안을 어떻게 했을 것 같아? 예) 네가 만약 자고 있는 토끼 앞을 지나간다면 어떻게 했을 것 같아? 이유는?
	2	만약에 ▫▫이가 ▫▫하지 않았다면 어떻게 되었을까? 예) 만약 토끼가 잠들지 않았다면 어떻게 되었을까?
	3	만약 내가 이 책의 작가였다면 어떻게 내용을 진행했을까? 예) 만약 내가 이 책을 쓴다면 토끼와 거북이에게 어떤 능력을 더해 주고 싶어?
6단계 (+−÷)	1	이 책의 이야기를 요약해 줘. 예) 〈토끼와 거북이〉 이야기를 요약해 줘.
	2	이 책의 내용을 5문장으로 요약해 보자. 예) 〈토끼와 거북이〉 이야기 내용을 5문장으로 요약해 보자.
	3	9시 뉴스에 이 책의 내용을 소개한다면? 예) 9시 뉴스에 〈토끼와 거북이〉 책의 내용을 소개한다면?
7단계 (그래서)	1	이 책의 핵심 단어를 3개 말한다면? 이 책을 한 줄로 정리한다면? 예) 〈토끼와 거북이〉의 핵심 단어 3개를 말하자면?(예 : 교만, 성실함, 끈기) 예) 〈토끼와 거북이〉를 한 줄로 정리한다면?
	2	가장 기억에 남는 인물은 누구야? 예) 〈토끼와 거북이〉에서 가장 기억에 남는 인물은 누구야? 이유는?
	3	작가님을 직접 만난다면 어떤 말을 하고 싶어?
	4	(숫자 질문) 이 책에 대해 별점을 주면 1~10 중 어떤 점수를 줄래? 그 이유는?

활동 방법 1 (긴 시간 사용)

1 책을 읽고 모둠별(3~5명)로 책상에 앉는다.

2 첫 번째 단계의 질문카드를 엎어서 놓거나 더미 형태로 책상 위에 쌓아 놓는다. (처음에는 느낌카드만 모두 펼쳐 모둠 활동을 하고, 1단계 카드부터 7단계 카드까지 순서대로 해당 단계의 질문만 꺼내어 질문카드 활동을 한다.)

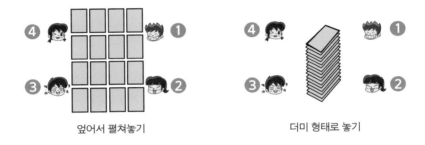

엎어서 펼쳐놓기　　　　　　　　더미 형태로 놓기

3 질문카드 중 하나를 1번 학생이 읽는다.

4 1번 학생이 읽어 준 질문을 듣고 다른 학생들은 생각해 보는 시간을 잠시 갖는다.

5 2번 학생은 해당 질문에 대한 대답을 한다.

6 3번 학생과 4번 학생은 2번 학생의 대답에 대한 피드백(칭찬, 또 다른 질문, 기타 다른 궁금증 등)을 해준다.

7 이번에는 2번 학생이 질문카드 하나를 골라서 읽어준다. (3번 대답, 4번과 1번은 피드백하기)

8 위의 내용을 다음 번호부터 '뽑고 질문하기-대답하기 – 피드백'을 반복한다.

※ 같은 방식으로 '짝 활동'을 진행할 수도 있다.

활동 방법 2 (짧은 시간 사용)

1 책을 읽고 모둠별(3~5명)로 책상에 앉는다.

2 책상 위에 느낌카드부터 7단계 카드까지 각각의 색깔별 카드를 2~3장씩 골라서 질문카드를 엎어서 놓거나 더미 형태로 책상 위에 쌓아 놓는다.

엎어서 펼쳐놓기   더미 형태로 놓기

3 질문카드 중 하나를 1번 학생이 읽는다. (질문카드는 회색-빨-주-노-초-파-남-보 순서로 읽게 된다.)

4 1번 학생이 읽어 준 질문을 듣고 다른 학생들은 생각해 보는 시간을 잠시 갖는다.

5 2번 학생은 해당 질문에 대한 대답을 한다.

6 3번 학생과 4번 학생은 2번 학생의 대답에 대한 피드백(칭찬, 또 다른 질문, 기타 다른 궁금증 등)을 해준다.

7 이번에는 2번 학생이 질문카드 하나를 골라서 읽어준다. (3번 대답, 4번과 1번은 피드백하기)

8 위의 내용을 다음 번호부터 '뽑고 질문하기-대답하기 – 피드백'을 반복한다.

9 회색 카드 질문이 끝난 뒤에 빨-주-노-초-파-남-보 순서로 읽는다.

※ 같은 방식으로 짝 활동을 진행할 수도 있다.

활동 tip

- 독서질문카드는 읽은 책을 옆에 두고 진행하는 게 효율적이고 언제든 책을 참조할 수 있도록 허용해요.
- 질문카드의 진행은 1단계부터 순서대로 하는 게 더 효과적이에요. 무작위로 할 경우에도 단계별로 정해진 수만큼을 골라서 하브루타 수업을 할 수 있어요.
- 샘플 질문카드에는 없지만 (각 피드백 단계를 통해) 생각나는 질문을 언제든 할 수 있도록 해요.
- 학생들 앞에서 선생님이 독서나눔 시범을 보여주세요. 교사의 시범을 보고 학생들이 따라할 수 있도록 해요.
- 허용적이며 다양한 답변을 들을 수 있는 기회를 제공하는 과정이 필요해요.
- 질문카드의 질문을 연습하면서 각 학생들의 사고 안에 질문의 체계가 세워질 수 있도록 충분한 연습 시간을 만들어주면 좋아요.
- 학생들 중에 열심히 하는 그룹의 활동 모습을 다른 학생들이 지켜보게 하는 것도 좋아요.
- 수업 마무리를 하면서 각자의 소감을 나누는 시간을 갖도록 해요.

톡톡 질문카드(비소설류 도서)

그림책이나 이야기 중심의 독서 토론 및 독후 나눔 수업을 위한 노력이나 연구는 많지만 상대적으로 논설문, 설명문 등의 비소설류 관련 독

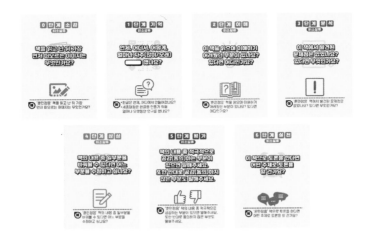

톡톡 독서질문카드

후 활동 연구는 상대적으로 흔치 않다. 이런 부분을 고려하여 비소설류 책을 읽고 나서 독서 나눔을 구체적으로 실천할 수 있는 방법들을 고민하면서 질문의 체계와 샘플 질문을 만들어보았다. 활동 방법은 '이야기 중심 도서'와 같은 방식으로 진행할 수 있다. (참고로 다음의 샘플 질문뿐 아니라 더 풍성한 질문으로 수업하기 원하는 교사는 시중의 교육 물품 인터넷 쇼핑몰에서 저자가 제작한 [톡톡 독서질문카드 - 소담메이커스]를 구입하여 사용하는 것을 추천한다.)

단계 이름	BLOOM의 사고 6 영역	질문의 영역
1단계 '소감' 질문	기억	1. 읽기 전 관련하여 알고 있던 정보가 무엇인지 물어보는 질문 2. 읽기 전 가지고 있던 생각을 물어보는 질문 3. 새롭게 알게 된 것이 무엇인지 물어보는 질문 4. 가장 인상 깊은 내용이 무엇인지 물어보는 질문 5. 책을 읽으면서 인상 깊은 페이지에 대한 느낌과 감상을 물어보는 질문 6. 전반적인 읽은 소감을 묻는 질문
2단계 '기억' 질문	기억, 지식	1. 책을 읽고 내용을 얼마나 기억하는지를 물어보는 질문(W 질문) 2. 책 내용이 정확하게 어떤 것이었는지 확인해 보기 위해 하는 질문(Yes No 질문) – W 질문 중 왜(Why) 어떻게(How) 질문은 제외
3단계 '이해' 질문	이해, 비교	1. 문장이나 장면에 대한 자신의 이해를 풀어서 말해 보게 하는 질문(쪽수를 표시) – 쉬운 말로 표현하기 – 책에서 찾은 문장에서 의미하는 것을 묻는 질문 – 페이지를 적고 지문을 찾아서 질문 – 숨은 뜻이 무엇인지를 묻는 질문 – 자신의 말로 표현하기 질문 2. 내용을 자신의 말로 요약하는 질문 3. 무슨 뜻인지를 묻는 질문 4. 글의 구조를 파악하는 질문 5. 책에 나온 개념의 정의 / 인과관계 등을 묻는 질문
4단계 '분석' 질문	분석, 이해	1. 책의 내용에 대한 이유를 묻는 질문(책에 답이 나옴) 2. 책에 나와 있지는 않지만 이유와 근거를 말하게 하는 질문
5단계 '상상' 질문	분석	1. 가정을 통해 읽은 이의 생각, 의견을 묻는 질문 2. 글의 내용 전 또는 그 다음 내용을 상상해 보게 하는 질문 3. 다른 상황으로 생각을 확장하는 질문

6단계 '평가' 질문 (판단, 배움)	분석, 평가	1. 책 내용에 대한 나의 가치 판단을 묻는 질문 2. 동의하거나 반대하는 관점을 묻는 질문 3. 책의 부분에 대한 나만의 결정이나 선택을 표현해 보게 하는 질문 4. 왜 이 책이 우리에게 필요한 것인지를 고민해 보게 하는 질문 5. 내용 전체에 대한 평가를 묻는 질문 6. 작가가 이야기하고 싶은 것(주제)을 묻는 질문
7단계 '실천' 질문	평가, 적용	1. 배운 내용을 어떻게 실천할지 묻는 질문 2. 사회에 적용할 수 있는 방안을 묻는 질문 3. 책의 문제점에 대해 고민해 보게 하는 질문 4. 책에 대한 관점을 들어보게 하는 질문 5. 앞으로 더 연구해 볼 수 있는 주제를 묻는 질문

	번호	샘플 질문
1단계 '소감' 질문	1	– 이 책에 대한 새로움의 정도를 1~5까지 표시하면?
	2	– 책을 읽기 전과 읽고 난 뒤에 달라진 생각이 있다면?
	3	– 이 책은 언제 읽으면 좋을까? 누구에게 추천하면 좋을까? 주변에 추천해 주고 싶은 사람은 누구인가?
2단계 '기억' 질문	1	– 키워드 질문 : O, ㅁ, ♡ 하면 떠오르는 개념은 무엇인가? (O, ㅁ, ♡은 책에 나 온 개념을 설명하는 3가지 키워드) ▶ 세종대왕이 이룬 가장 큰 업적은 무엇인가? ▶ 훈민정음, 세종대왕, 한글날 하면 떠오르는 개념은 무엇인가?
	2	– (책에 나와 있는 한 문장)의 근거는 무엇인가? (책 내용 관련) ▶ '세종은 백성을 사랑했습니다'의 근거는 무엇인가?
	3	– O, ㅁ, ♡, ◇ 중에 성질이 다른 하나를 고르시오. (질문을 만들 때 3개 또는 4 개 중에 하나는 다른 성질의 단어를 제시한다.) ▶ 한글, 알파벳, 한자, 세종대왕 중에 성질이 다른 하나를 고르시오.

3단계 '이해' 질문	1	– ( )에 대해 동생이 알아듣기 쉽게 설명해 보세요. (미래의 딸이나 아들이 00에 대해서 묻는다면 어떻게 설명해 줄래?) ▶ 1학년 동생에게 한글 창제에 대해 설명해 주세요.
	2	– 이 책에 대해 인스타그램에 올린다면 어떤 '#해시태그'를 붙일 수 있을까?
	3	– 이 글을 세 문장으로 요약해 보세요.
4단계 '분석' 질문	1	– 작가는 왜 이 책을 쓰게 되었을까? ▶ 작가는 왜 훈민정음에 대한 글을 쓰게 되었을까?
	2	– 작가는 왜 ( )한 생각을 하게 되었을까? ▶ 작가는 왜 '세종대왕의 업적 중 가장 최고가 훈민정음'이라는 생각을 하게 되었을까?
	3	– 왜 책의 제목을 이렇게 짓게 되었을까? ▶ 작가는 왜 이 글의 제목을 '백성을 사랑하는 마음으로 만든 한글'이라고 지었을까?
5단계 '상상' 질문	1	– [특정 시대, 특정 지역, 특정 종교를 가진 사람, 다른 성-남자나 여자](이)었다면 이 책을 읽을 때 어떤 생각을 했을까? ▶ 조선시대였다면 "한글이 세계에서 가장 쉬운 글자라는 생각(글에 나온 개념이나 생각)"에 대해 어떻게 평가했을까?
	2	– 이 책을 들고 과거(혹은 미래)로 회귀한다면 어떤 부분에서 활용할 수 있을까? ▶ 이 글을 들고 미래로 간다면 어떤 평가를 받을까?
	3	– 작가와 인터뷰를 할 수 있다면 어떤 이야기를 나누고 싶은가? 그 이유는? ▶ 세종대왕과 인터뷰를 할 수 있다면 어떤 이야기를 나누고 싶은가? 그 이유는?

6단계 '평가' 질문 (판단, 배움)	1	– 이 책의 내용 중 적극적으로 공감되고 동의되는 부분이 있으면 말해 주세요. 또한 공감이나 동의되지 않은 부분도 말해 주세요. ▶ 세종대왕이 백성을 얼마나 사랑했는지 공감이 돼?
	2	– 누군가에게 이 책을 소개해 주고 싶은가? 그 이유는? ▶ 이책을 누구에게 소개하고 싶은가? 그 이유는?
	3	– 이 책을 좋아(싫어)하는 친구가 있다면 왜 그럴 것이라고 생각해? ▶ 우리반 아이들 중에 세종대왕 책을 좋아(싫어)하는 친구는 누구라고 생각해? 그 이유는?
7단계 '실천' 질문	1	– 이 책으로 토론을 한다면 어떤 주제가 좋을까? ▶ 세종대왕 책으로 우리 반 토론을 한다면 어떤 주제를 가지고 하면 좋을까?
	2	– 책에 나온 내용에 대해 더 자세히 알고 싶으면 누구를 만나면 좋을까? 어떤 장 소(사이트)를 방문하면 좋을까? ▶ 한글에 대해 더 자세히 알고 싶으면 누구를 만나면 좋을까? 어떤 장소(사이 트)를 방문하면 좋을까?
	3	– 이 책을 읽으면서 발견되는 문제점은 없었나? 만약 있었다면 어떤 것이었나?

내일 당장 수업에 자신감이 생기는 수업의 법칙

한 번 알면 편해지는 수업 원리

Part 3
학생을 알면
수업이 보인다!

15
센스 있는
모둠 구성을 위한 학생 검사

조하리의 창

많은 연구를 통해 밝혀진 바에 따르면 확산적 사고와 논리 · 비판적 사고를 촉진하기 위해서는 개별 학습보다 모둠별 학습이 이루어지는 것이 효과적이라고 한다. 모둠에서 아이디어를 토론하고 다른 사람들의 아이디어를 귀담아들어서 배우고 건설적인 비평과 해결 방법을 정리하면서 서로를 도와주는 활동들이 많기 때문이다.

이러한 이유로 공개 수업에서는 모둠 수업을 선호했었고 모둠 구성을 잘하기 위한 방법을 고민해 보기도 했다. 그런데 모둠 구성원이 바뀌는 순간 펼쳐지는 아이들의 원망과 학부모들의 민원은 너무 힘이 들고 어려워서 더 이상 모둠 수업을 하고 싶지 않을 때가 많았다. 이럴 바에는 차라리 뽑기를 통해 모둠 구성을 하면 아무런 불만 없이 순간을 지나갈 수 있기에 줄곧 '뽑기통'을 한 달에 한 번씩 사용했던 것 같다. 하지만 뽑기를 활용해 구성되었다고 문제가 없는 건 아니었다. 서로 사이가 좋지 않은 친구, 학업성취도가 너무 낮은 학생으로만 구성된 모둠, 학습 태도가 좋지 않은 학생들이 모여 있는 경우 등 또 다른 문제가 계속 발생했다.

모둠 구성을 위한 기본 철학

모둠 구성에 대한 기본적인 철학을 어떻게 가지고 있어야 할까? 학생들의 자율을 존중해 준다는 명목으로 뽑기식 방법을 사용하거나 번호 순서대로 모둠을 구성할 경우 우리가 기대했던 모둠이 주는 효과를 얻기가 어렵다. 따라서 한 달에 한 번이라도 학업성취도, 성향, 아이들 관계도 등의 객관적인 데이터를 모아서 학생들을 구성하는 것이 좋다.

모둠을 구성할 때는 다음 사항을 유의하자.

1 모둠 구성은 성적, 성격, 대인관계 능력 등을 종합적으로 분석하여 교사가 한다.
2 공감 능력과 오픈 마인드를 가지고 있는 친구가 반드시 한 명은 있도록 한다.
3 동질 집단보다는 이질 집단을 효율적으로 섞어서 구성한다.

공감 능력을 잘 발휘하면 교실 공동체가 맺는 인간관계의 질을 개선해서 모둠 수업을 할 때 좀 더 의미 있게 만들 수 있을 뿐만 아니라 모둠 내 구성원들을 연결하는 큰 네트워크를 갖게 되고 더 나아가 여러 영역에서 성장을 도와줄 수 있다. 특히 모둠 수업을 할 때 가장 많이 사용하는 기법 중 하나는 모둠원들끼리 생각 나누는 시간을 갖는 것이다. 친구들과의 사이에서 건강하게 자아를 노출하고, 또 나 자신이 다른 친구들에게 받아들여지는 것을 경험하게 하는 일은 매우 중요한 부분이다.

나를 설명해 주는 조하리의 창

'조하리의 창(Johari's window)' 이론은 심리학자 조셉 루프트(Joseph Luft)와 해리 잉햄(Harry Ingham)이 1955년에 처음 제시한 이론으로 타인과의 관계 속에서 자신을 인식하는 방법론 중 하나이다. 이 이론에서 제시한 '조하리의 창'은 자아 성장과 자아에 대한 지식을 설명하기 위해 만든 모델로 다음과 같이 네 가지의 창으로 구성되어 있다.

'조하리의 창' 구성

조하리의 창은 타인과 자신에 대해 얼마나 공유하고 있는가에 따라 창의 넓이가 결정되며 개인이 맺고 있는 관계는 창의 형태에 영향을 미치는 요인이 된다. 창의 형태는 '자신을 타인에게 공유하는 노출(exposure), 타인이 알고 있는 나의 정보 피드백(Feedback), 자신에 대해 모르는 것에 대한 탐구'의 세 가지 과정을 통해 알 수 있다.

자신도 알고 타인도 아는 '열린 창(Open window)', 자신은 알지만 타인은 모르는 '숨겨진 창(Hidden window)', 나는 모르지만 타인은 아는 '보이지 않는 창(Blind window)', 나도 모르고 타인도 모르는 '미지의 창(Unknown window)'으로 구성된 조하리의 창에서 각 창의 넓이는 고정된 것이 아니라 삶의 관계 속에서 계속 변화되며, 자기 스스로 집단 내 타인과의 상호작용을 통해 창의 형태를 확인할 수 있다.

각 창의 영역에 대한 구체적인 의미를 살펴보면 다음과 같다.

1. 열린 창(Open window)

공개 또는 열린 영역으로 해석되며 자신도 알고 있고 타인도 알고 있는 정보를 의미한다. 이 영역의 정보가 많을수록 서로 간의 대화가 원활하게 이루어지고 있으며 건강한 관계가 형성되어 있다고 할 수 있다.

2. 보이지 않는 창(Blind window)

맹인 · 맹점 · 맹목 또는 보이지 않은 영역으로 해석되며 타인은 알고 있으나 자신은 인식하지 못했던 자기 자신에 대한 부분을 의미한다. 이 영역의 정보가 많을수록 자기 자신에 대한 스스로의 이해가 요구된다.

3. 숨겨진 창(Hidden window)

은폐 · 비밀의 창 또는 숨겨진 영역으로 해석되며 자신은 알고 있으나 타인에게는 알려지지 않은 자기 자신에 대한 부분을 뜻한다. 이는 깊이 있는 관계가 아닌 경우 알지 못하는 모습을 의미하기도 한다. 남에게 의도적으로 개방하지 않고 있는 모습일 경우 이 영역이 넓을수록 타인과 소통이 원활히 이루어지지 않으며 관계 형성에도 어려움을 겪으므로 자기 자신을 잘 개방할 수 있는 태도가 요구된다.

4. 미지의 창(Unknown window)

암흑의 창 또는 미지의 영역으로 해석되며 자신도 타인도 알지 못하는 자기 자신에 대한 부분으로, 잠재력을 의미하기도 한다. 이 영역이 넓은 사람은 인간관계에 소극적이거나 고립되어 있는 경우가 있으므로 자신에 대한 지속적 관심과 통찰을 통해 자기 개방을 이룰 수 있다.

ABC 이렇게 적용해요!

조하리의 창은 자기 이해를 위한 자기 인식 도구로 크게 두 가지 방법으로 활용될 수 있다.

1. 형용사를 활용한 방법

성격을 나타내는 형용사를 확인한 후 제시된 형용사 중 자기 자신을 잘 나타낸다고 생각하는 형용사를 5~6개 정도 선정한다. 이후 자신이 선정한 형용사와 같은 방법으로 타인이 선정한 자기 자신에 대한 형용사를 조하리의 창에 분류하고 배치하여 자신의 특성이 무엇인지 확인한다. 이와 같은 방법은 자신을 바라보는 자기 자신의 관점과 타인의 관점을 통해 드러난 자신의 특성을 인식하고, 원만한 상호작용과 건강한 관계를 위한 모색을 돕는다.

재능 있는	양향적	솔직한	융통성 있는	용기 있는	차분한	상냥한	유쾌한
영리한	마음에 맞는	까다로운	대담한	믿음직한	품위 있는	활동적인	외향적인
우정 어린	마음이 넓은	행복한	도움이 되는	이상적인	독립적인	독창적인	총명한
내성적인	친절한	똑똑한	논리적인	사랑스러운	성숙한	겸손한	소심한
조심성 있는	낙천적인	잘 정리된	참을성 있는	강력한	자신감 있는	적극적인	생각이 깊은
관대한	종교적인	민감한	철저한	주장이 강한	자의식이 강한	실용적인	감정적인
수줍은	어리석은	단정한	자발적인	동정심 있는	긴장한	믿을 수 있는	따뜻한

조하리의 창 형용사

내가 고른 6개 단어
영리한, 솔직한, 똑똑한
낙천적인, 종교적인, 행복한

타인이 고른 6개 단어
성숙한, 사랑스러운, 긴장한,
영리한, 솔직한, 똑똑한

**두 사람 모두
선택한 단어**

내가 고른 형용사	친구가 골라준 형용사
영리한, 솔직한, 똑똑한	영리한, 솔직한, 똑똑한

**타인은 골랐는데
자신은 선택하지 않은 단어**

내가 고른 형용사	친구가 골라준 형용사
	성숙한, 사랑스러운, 긴장한

**나는 골랐는데
타인은 선택하지 않은 단어**

내가 고른 형용사	친구가 골라준 형용사
낙천적인, 종교적인, 행복한	

**두 사람 모두
선택하지 않은 단어**

선생님이 고른 형용사	부모님이 고른 형용사
동정심 있는	주장이 강한

2. 자기 검사 방법

자기 검사의 방법으로 진행되는 자아 인식 검사지는 인간관계에서 나타날 수 있는 일반적인 행동 양식을 문항으로 제시하고, 이에 대한 개인의 인식 정도를 10점 척도로 선택한 후 문항별 응답 값을 정리해 총점을 낸다. 이를 가로축과 세로축에 각각 표시한 후 선을 그려 조하리의 창 형태를 살펴볼 수 있도록 하는 방법이다.

개인의 인식 정도 척도 선택하기

(전혀 그렇지 않다면 1점, 매우 그렇다면 10점으로 표시)

1. 나는 잘 몰랐을 경우에는 이를 바로 인정한다.	
2. 나는 납득하기 어려운 지시를 받을 경우 지시한 이유를 물어본다.	
3. 나는 다른 사람의 잘못을 지적할 필요가 있을 때에는 직접 말한다.	
4. 나의 의견에 대해 남들이 어떻게 생각하는지 물어본다.	
5. 나의 느낌을 솔직하게 표현한다.	
6. 다른 사람의 감정을 존중한다.	
7. 나는 걱정거리가 생길 경우, 터놓고 의논한다.	
8. 나 혼자 이야기를 계속하여 남을 짜증나게 하지 않는다.	
9. 남의 의견이 나와 다를 경우, 나의 생각을 말하고 함께 검토해 본다.	
10. 나는 아이디어를 권장하고 대화를 독단적으로 끌고 가지 않는다.	
11. 내 잘못을 숨기거나 남의 탓으로 돌리지 않는다.	
12. 다른 사람의 충고를 잘 받아들인다.	
13. 달갑운 일이 아닐지라도 남들이 알아야 할 사항이라면 알려준다.	
14. 진심으로 남의 이야기를 들어준다.	
15. 말하기 거북한 내용을 거리낌 없이 말한다.	
16. 나는 변명을 하지 않고 비판에 귀를 기울인다.	
17. 나는 있는 그대로를 나타내며 가식이 없는 편이다.	
18. 나에게 찬성하지 않는다고 남의 마음을 상하게 하지 않는다.	
19. 나는 확신하는 것을 굽히지 않고 말한다.	
20. 나는 다른 사람에게 그들의 생각을 발표하도록 권장한다.	

결과 기록하기

항목	1	3	5	7	9	11	13	15	17	19	합계
M											
항목	2	4	6	8	10	12	14	16	18	20	합계
Y											

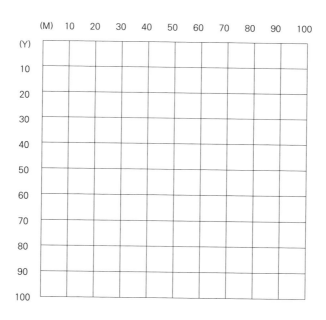

자기 검사 결과 해석하기

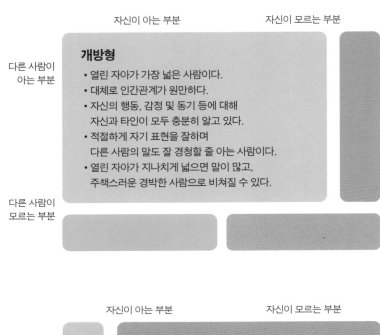

자신이 아는 부분　　　　　자신이 모르는 부분

다른 사람이
아는 부분

개방형
- 열린 자아가 가장 넓은 사람이다.
- 대체로 인간관계가 원만하다.
- 자신의 행동, 감정 및 동기 등에 대해
  자신과 타인이 모두 충분히 알고 있다.
- 적절하게 자기 표현을 잘하며
  다른 사람의 말도 잘 경청할 줄 아는 사람이다.
- 열린 자아가 지나치게 넓으면 말이 많고,
  주책스러운 경박한 사람으로 비쳐질 수 있다.

다른 사람이
모르는 부분

자신이 아는 부분　　　　　자신이 모르는 부분

다른 사람이
아는 부분

자기주장형
- 눈 먼 자아가 가장 넓은 사람이다.
- 타인에게는 보이나 자신은 모르는 부분이 많다.
- 자기 의견을 솔직하게 잘 표현하는 편이다.
- 무의식 중에 나타나는 자신의 버릇이나 습관이 해당된다.
- 다른 사람의 반응에 무관심하거나
  둔감하고 독단적인 모습을 보일 때가 있다.
- 다른 사람의 말에 귀를 기울이는 노력이 필요하다.

다른 사람이
모르는 부분

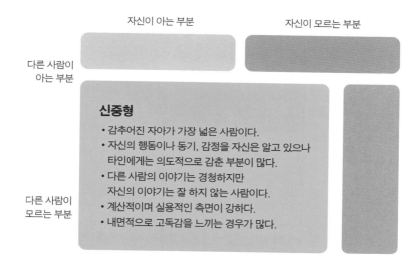

자신이 아는 부분

자신이 모르는 부분

다른 사람이
아는 부분

다른 사람이
모르는 부분

신중형

- 감추어진 자아가 가장 넓은 사람이다.
- 자신의 행동이나 동기, 감정을 자신은 알고 있으나
  타인에게는 의도적으로 감춘 부분이 많다.
- 다른 사람의 이야기는 경청하지만
  자신의 이야기는 잘 하지 않는 사람이다.
- 계산적이며 실용적인 측면이 강하다.
- 내면적으로 고독감을 느끼는 경우가 많다.

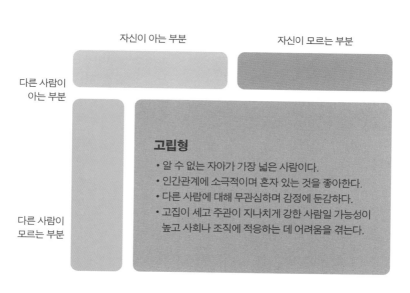

자신이 아는 부분

자신이 모르는 부분

다른 사람이
아는 부분

다른 사람이
모르는 부분

고립형

- 알 수 없는 자아가 가장 넓은 사람이다.
- 인간관계에 소극적이며 혼자 있는 것을 좋아한다.
- 다른 사람에 대해 무관심하며 감정에 둔감하다.
- 고집이 세고 주관이 지나치게 강한 사람일 가능성이
  높고 사회나 조직에 적응하는 데 어려움을 겪는다.

3. 우리 반 학생들의 조하리의 창 분포도 만들기

조하리의 창 해석 후 학생들의 분포도를 표로 만들어 교사의 모둠 구성을 위한 도구로 사용할 수 있다. 다만 학생 중에는 본인의 분포 위치를 밝히고 싶지 않은 경우도 있으므로 공식적으로 표는 노출시키지 않도록 한다.

우리 반 조하리의 창 구성도

다른 사람이 아는 부분	**열린 자아** Open-self 자신에 관하여 스스로 알고 있고 타인도 알고 있는 영역 김•현, 김•철, 이•현, 박•아, 현•성, 이•유 원•기, 제•호, 최•현, 민•은	**눈 먼 자아** Blind-self 자신에 관하여 자신은 모르지만 타인은 알고 있는 영역 최•언, 강•연, 최•임, 최•은
다른 사람이 모르는 부분	**감추어진 자아** Hidden-self 자신에 관해 자신은 알고 있지만 타인은 모르고 있는 영역 김•두, 이•선, 이•영, 하•조	**알 수 없는 자아** Unknown-self 자신에 관하여 자신도 모르고 타인도 모르는 영역 김•연, 이•규, 김•경

🖉 생각해 보기

조하리의 창을 통해 보면 성장이란 다른 사람에게 비친 자기 모습을 통하여 자기를 알아보고, 나에 대한 다른 사람들의 생각을 받아들임으로써 보다 나은 방향으로 나아가는 것을 뜻한다. 또 나의 모습을 다른 사람에게 있는 그대로 내어 보이는 일은 용기와 훈련이 필요하기도 하다. 이 방법은 학생의 성장을 위한 상담에서도 활용할 수 있고, 교사 간의 수업에 대한 피드백에도 활용할 수 있다. 이때 교사는 학생의 단점을 말하기보다는 장점을 언급하는 것이 좋으며 학생의 장점을 극대화시키고 자존감을 높여주는 방향으로 소통하는 것이 좋다.

KEY POINT 📖

조하리의 창을 활용한 모둠 구성

① 각 모둠에 개방형 학생들이 최소한 한 명씩은 배치될 수 있도록 한다.
② 각 유형의 학생들이 골고루 섞일 수 있도록 하되 고립형 학생들이 몰리지 않도록 주의한다.
③ 조하리 창을 통해 자신을 드러내 자기도 몰랐던 새로운 모습을 발견하게 되므로 이 과정에서 서로를 판단하는 분위기가 형성되는 것을 경계해야 한다.

16

5가지 사랑의 언어로
학생 파악하기

5가지 사랑의 언어

박 선생님은 학생들이 열심히 참여하거나 성장한 모습을 보여줄 때마다 말로서 열심히 격려해 주었다. 특히 A학생이 유독 열심히 하길래 학생을 볼 때마다 "네 작품이 정말 멋지다!", "노력하는 모습이 보기 좋다."고 격려했다. 그러던 어느 날 A학생은 박 선생님에게 "선생님, 어느 정도 해야 인정해 주시나요?"라고 물어보았다. 박 선생님은 그동안 A학생을 계속해서 인정해 주고 있던 터라 이미 충분하다고 이야기했으나 학생은 잘 모르겠다고 대답하였다. 학생은 박 선생님이 그동안 해준 말들이 단순한 말에 불과하고 모든 학생들에게 의례적으로 해주는 말인 줄 알았다고 한다.

A학생에게 어떤 수업에서 가장 인정받는다고 느끼는지를 묻자, 학생은 김 선생님의 수업을 이야기했다. 김 선생님의 수업을 보니, 박 선생님과 크게 다른 점은 없었으나 학생이 잘했을 때는 하이파이브를 나누

기도 하고, 엄지를 부딪히는 등의 활동이 있었다. 박 선생님은 A학생의 친구인 B학생에게도 어떤 선생님에게 가장 사랑을 느끼냐고 묻자 이 선생님과의 시간을 꼽으며 방과 후 함께 시간을 보내는 활동에 대해 즐겁게 이야기했다. 박 선생님은 A학생과 B학생 모두에게 항상 많은 언어적 칭찬을 해주었는데, 그것이 학생들에게는 크게 와닿지 않았던 것 같아 당황스러웠다.

서로 다른 사랑의 언어

게리 채프먼(Gary Chapman)은 《5가지 사랑의 언어》에서 사람들이 가지고 있는 사랑의 언어를 '인정의 말, 봉사의 행동, 선물, 스킨십, 함께 하는 시간'이라는 5가지로 제시하였다. 학교에서도 개인이 가진 다양한 사랑의 언어를 고려하여 교실과 수업 환경을 조성하면 학생들과 교사 간의 긍정적인 관계를 구축해 갈 수 있다.

1. 인정의 말(Words of Affirmation)

인정의 말을 중요하게 생각하는 사람들에게는 "고마워, 미안해, 사랑해" 등 자신을 인정해 주는 말을 듣는 것을 필요로 한다. 말을 중요하게 생각하기 때문에 지나가다가 툭 던진 말에 상처를 받는 경우도 있다. 언어 사용을 항상 주의해야 하며, 사소한 말 한마디도 좋으니 인정과 격려의 말을 듬뿍 들려줄 때 사랑을 제대로 전할 수 있다.

2. 봉사의 행동(Acts of Service)

최고의 사랑의 언어가 봉사라고 생각하는 사람은 상대가 자신이 원하는 행동을 해줄 때 사랑을 느낀다. 하기 싫지만 나를 위해서 노력과 수고를 들이는 모습에 감동을 받고 나의 일을 도와주는 모습에 반한다. 이에 해당하는 사람들은 타인에게도 자신의 사랑과 정성을 표현하기 위해 봉사하는 행동을 즐긴다. 교실에서는 "선생님이 도와줄 건 없니?", "이건 선생님이 너희들을 위해서 열심히 했어." 등과 같이 표현할 수 있다.

3. 선물(Receiving Gifts)

선물은 상대에게 기쁨과 즐거움을 선사하고, 나의 감정을 보여줄 수 있는 효과적인 도구이다. 선물을 통해 상대방에게 신경을 쓰고 취향과 선호도를 기억하고 있으며, 특히 기념일의 특별한 선물은 상대에게 특정 생각이나 감정을 담아 정할 수도 있다. 선물을 사랑의 언어로 중요하게 여기는 사람들은 선물의 크기나 액수보다도 선물을 고르기 위해 나를 떠올리고 생각해 주는 마음 자체에 감동을 받는다.

4. 스킨십(Physical Touch)

적절한 스킨십은 사람들에게 사랑과 안락함, 지지를 느끼게 한다. 특히 아기들에게는 부모와의 신체적 접촉이 매우 중요한데, 아기와의 신체 접촉은 부모와 유대감을 형성하고 사회성 발달에도 도움을 준다. 친밀한 스킨십이 아니더라도 하이파이브나 주먹치기 등 개인 공간을 침범하지 않는 접촉은 친밀감과 유대감을 형성하는 중요 수단이다.

5. 함께하는 시간(Quality Time)

어떤 사람들은 함께하는 시간을 가장 중요하게 생각한다. 단순히 같은 공간에서 시간을 보내는 것이 아니라, 양질의 시간을 함께 보내야 한다. 서로 이야기하며 공감을 나누고, 의미 있는 활동에 함께 참여하며 서로에게 온전히 집중하는 시간을 가질 때 가장 큰 행복을 느낀다.

사랑의 언어 자가 진단하기

자신이 중요하게 생각하는 사랑의 언어가 무엇인지는 간단한 검사를 통해서 알 수 있다. 다음 질문에 해당하는 답변 항목을 고르고, 각 항목별 답변 개수를 더하면 당신의 1순위 사랑의 언어를 알 수 있다.

1. 나는 다른 사람이 이럴 때 사랑받는다고 느낀다.
　A. 나를 칭찬할 때
　B. 내 일이나 숙제를 함께 해줄 때
　C. 세심한 선물을 줄 때
　D. 애정이 담긴 스킨십을 할 때
　E. 나와 즐거운 시간을 보낼 때

2. 나는 우울할 때 다른 사람이 이렇게 해주면 좋겠다.
　A. 따뜻한 말로 격려해 주기
　B. 나를 현실적으로 도와줄 무언가를 해주기
　C. 내가 힘낼 수 있도록 작은 선물 주기
　D. 위로의 포옹을 해주거나 토닥여주기
　E. 나와 그냥 함께 있어 주기

3. 나는 사랑하는 사람과 이렇게 시간을 보내고 싶다.

A. 의미 있는 대화를 나누면서
B. 함께 프로젝트나 일을 하면서
C. 사려 깊은 선물을 주고받으면서
D. 손을 잡거나 껴안으면서
E. 여행이나 외출을 하면서

4. 나는 누군가 이렇게 해줄 때 가장 감사하다.

A. 사랑한다고 말해 줄 때
B. 나를 돕기 위한 행동을 할 때
C. 깜짝 선물을 줄 때
D. 몸으로 애정을 표현할 때
E. 나를 위해 시간을 쓸 때

5. 사람들과의 관계에서 나는 이것을 중요하게 여긴다.

A. 긍정의 말과 칭찬
B. 헌신과 도움
C. 선물
D. 친밀한 스킨십
E. 나만을 위한 시간 집중

6. 상대가 잘못한 일이 있을 때 이렇게 사과해 주면 좋겠다.

A. 미안함을 가득 담은 진정성 있는 사과
B. 잘못을 바로잡고 만회할 수 있는 행동
C. 진심을 담은 사과의 선물
D. 진심이 느껴지는 포옹이나 확신을 줄 수 있는 터치
E. 문제를 해결하기 위해 이야기 나누고 시간 함께 보내기

7. 나는 특별한 기념일에 이렇게 챙겨주면 좋겠다.

A. 따뜻한 말이 담긴 편지
B. 나를 챙겨주는 행동들
C. 고심하여 고른 특별한 선물
D. 사랑이 담긴 스킨십하기
E. 함께 특별한 체험하기

검사 결과에서 답변이 가장 많이 나온 항목이 내가 중요하게 생각하는 사랑의 언어이다. A는 인정의 말, B는 봉사, C는 선물, D는 스킨십, E는 함께하는 시간이다.

▣ 이렇게 적용해요!

5가지 사랑의 언어는 본래 부부 상담에서 활용되었던 도구로, 수업 상황에 모든 것을 적용하기에는 어려운 부분도 있다. 하지만 나름의 의미가 있으므로 학생들을 대상으로 다음과 같이 간단하게 사랑의 언어를 진단해 볼 수 있다.

다음 페이지의 검사 결과를 토대로 학생들이 가진 각각의 사랑의 언어에 따라 교사는 다음과 같이 수업에 적용할 수 있다. 단, 수업 상황에서는 여러 가지 제약으로 인해 선물과 스킨십에 해당하는 사랑의 언어를 실천하기에는 한계가 있다. 그러나 각자의 사랑의 언어는 1가지만 있는 것이 아니기 때문에, 선물과 스킨십을 수업에 적용하기 어렵다면 나머지 3가지 언어를 수업에 가득 채워보는 것도 좋겠다.

1. 인정의 말

① 동료 피드백 활용하기
격려와 칭찬이 많이 필요한 학생들에게는 또래로부터 듣는 인정의

학생을 위한 사랑의 언어 간단 테스트

1. 시험에서 잘 본 결과에 대해 교사가 무엇을 할 때 가장 힘이 되나요?
  A. "너의 노력에 감동받았어. 네가 할 수 있다고 믿었던 것처럼!"이 담긴 격려 편지
  B. 수업 시간에 나를 위해 특별히 골라 틀어주는 내가 좋아하는 노래
  C. 나에게 딱 맞는 선물로 축하해 주는 특별한 초콜릿
  D. 잘했다는 의미의 하이파이브
  E. 시험을 잘 본 성과를 기념하여 함께 하는 다양한 체험 활동

2. 학교에서 중요한 발표를 앞두고 교사에게 어떤 지원이 필요한가요?
  A. 발표 전에 나를 격려하고 응원해 주는 말로 능력을 끌어올려주는 것
  B. 발표에 도움을 주는 내가 좋아하는 음악을 함께 듣는 것
  C. 발표 후 성공을 축하하는 선물로 나만을 위한 특별한 아이템
  D. 긴장을 풀어주는 의미의 주먹 하이파이브
  E. 발표 이후에 함께 기쁨을 나누며 보내는 다양한 시간

3. 어려운 숙제에 대해 어떤 지원을 받고 싶은가요?
  A. 나의 노력을 인정해 주고 도전에 대한 용기를 북돋아주는 격려의 말
  B. 숙제에 대한 직접적인 도움
  C. 어려운 숙제를 잘할 수 있도록 주어진 내가 좋아하는 간식 세트
  D. 긴장을 풀어주는 안정적인 손으로 어깨를 토닥이기
  E. 함께 공부하며 소중한 시간을 보내는 것

4. 학교에서 힘든 날을 보낸 후 받고 싶은 위로는 무엇인가요?
  A. 친구가 나의 힘든 날을 이해하고 격려하는 말로 위로하는 것
  B. 힘든 날을 이겨내며 함께 보내는 시간 동안의 소중한 대화와 힐링 활동
  C. 나를 위로하고 활력을 불어넣어주는 따뜻한 차 한잔
  D. 내 마음을 안정시켜주는 따뜻한 포옹
  E. 내 고민을 들은 후 함께 해결해 주려고 애쓰는 모습

말이 교사의 말만큼이나 효과가 좋다. 동료 피드백은 학생들이 자신의 강점을 확인하고 발전의 기회를 찾게 한다. 다만 학생들이 동료 피드백을 처음 주고받을 때는 피상적인 말만 나누는 경우가 많다. 다음은 수업 중 활용하기 좋은 동료 피드백 양식이다.

- 2 Stars and A wish

훌륭한 점 2개, 개선했으면 하는 소망 1개를 적는다.

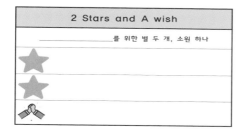

- TAG 피드백

좋은 점(Tell something you like), 질문(Ask a question), 제안(Give a suggestion)을 하나씩 적는다.

TAG 동료 피드백	
____ 를 위한 피드백	
T	Tell something you like 좋았던 점
A	Ask a question 질문
G	Give a suggestion 제안하기

② 인정의 말을 활용한 팀 빌딩

학생들은 서로에게 인정의 말을 전하면서 팀 빌딩과 협력을 할 수 있다. 특히 팀 프로젝트나 그룹 활동에서는 그룹원들 사이의 긍정적 소통이 중요하다.

• 칭찬 감옥 게임

1 모둠 활동으로 진행한다. 4~6명의 모둠을 만든다.

2 학생들은 1~3분간 서로에 대해 칭찬 준비를 한다.

3 학생들은 시계방향으로 칭찬 공격을 한다. 칭찬 공격을 받은 학생은 그 칭찬을 그대로 말하며 인정한다. 예를 들어, A가 B에게 "넌 친절해."라고 이야기한다면 B는 그 말을 받아 "맞아, 난 친절해."라고 인정하는 것이다. 그리고 B는 다시 옆에 앉은 C에게 "넌 잘 웃어."라고 말하면 C는 "맞아, 난 잘 웃어."라고 답하고 칭찬 공격을 이어간다.

4 칭찬의 말이 떨어지거나 칭찬을 인정하지 못한 학생이 나오면 게임이 종료된다.

5 게임이 종료되면 3에 해당하는 학생에게 나머지 모둠원들이 칭찬을 한마디씩 한다. 칭찬을 들은 학생은 그 칭찬들을 모두 이어 붙여서 큰 소리로 외친다. 그 예로, "친절해", "잘 웃어", "영어 발음이 훌륭해", "목소리가 멋있어"와 같은 칭찬을 받은 학생은 "나는 친절하고 잘 웃고 영어 발음이 훌륭하고 목소리가 멋있다!"라고 외친다.

6 다함께 "칭찬해 줘서 고마워!"라고 외치며 박수를 치고 활동을 마무리한다.

• 긍정카드로 인사 나누기

1 교사는 긍정의 말이 담긴 카드 세트를 준비한다.
2 학생들은 앞에 나와 카드를 하나씩 뽑는다.
3 학생들은 교실을 돌아다니며 친구 한 명을 만나 반갑게 하이파이브를 한다.
4 긍정카드에 적힌 말을 서로 들려준다.
5 카드를 교환한 후 다른 친구를 만나 반복한다.

긍정카드 예시

2. 봉사의 행동

교실에서 행할 수 있는 봉사의 행동은 크게 설명하기, 쓰기, 그리기 등이 있을 수 있다. 학생들이 가장 자신 있는 활동들을 사전에 조사하여 필요할 때마다 그 학생들에게 '전문가'나 '일일 교사' 등의 이름을 붙이고 활약하게 하는 것은 교실 내에서 서로서로 도움 주는 일을 익숙해지게 만든다. 교실에서 가볍게 활용해 볼 수 있는 동료 교수 활동을 소개한다.

- 현자와 기록자

1 비슷한 난이도의 문제로 구성된 학습지를 두 가지 섹션으로 나누어 구성한다. 왼쪽 섹션은 A학생이 푸는 공간이고, 오른쪽 섹션은 B학생이 푸는 공간이 된다.

2 짝 활동으로 진행한다. A학생이 현자(Sage)라면, B학생은 기록자(Scribe)가 된다.

3 짝끼리 학습지 하나를 공유한다.

4 현자는 기록자에게 문제를 어떻게 푸는지 설명한다.

5 기록자는 현자의 설명을 기록하며 그 설명대로 문제를 푼다.

6 다음 문제는 역할을 바꾸어 진행한다.

쉬는 시간이나 점심시간 등을 활용해 수업에서 어려움을 겪는 학생들을 위한 별도의 피드백 세션을 마련하는 것도 좋다. 5~10분 정도 시간을 내어 개별적인 도움을 제공하면 학생들의 학습 능력이 향상될 뿐만 아니라 온전히 케어받고 있다는 사실만으로 긍정적인 관계가 형성될 수 있다.

3. 선물

생각을 조금만 전환하면 수업 시간에도 충분히 선물을 주고받을 수 있다. 예를 들어 학생들끼리는 학기 말에 자신이 직접 그린 작품 중 하나를 골라 서로 교환하는 작품 교환식을 개최할 수도 있고, 교사로서는 학생 개개인의 개성이 담겨 있는 학습 자료를 정리하여 학생들에게 선물로 줄 수도 있다. 작은 책갈피에 학생의 작품을 담아 선물하는 것도 하나의 방법이다.

4. 스킨십

본래 사랑의 언어가 적용되었던 연인이나 부부 관계와 달리, 수업 상황에서의 스킨십은 다른 방식으로 해석될 필요가 있다. 우선 스킨십을 접목한 활동을 수업에 적용할 때는 서로가 심리적 안정과 편안함을 느끼는 스킨십 범위의 선을 정하여 학생들이 불편함을 느끼지 않도록 유의해야 한다. 그래서 주먹 인사나 하이파이브, 검지손가락 연결하기, 악수 등을 활용할 수 있다. 학생의 연령이 어리다면 커다란 곰인형을 교사의 아바타로 세워놓고, 학생들이 잘했을 때 곰인형과 함께 포옹을 나누도록 해도 좋다.

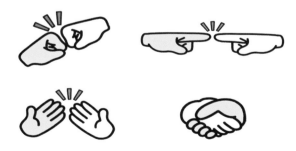

수업에서 활용 가능한 가벼운 스킨십 동작

5. 함께하는 시간

개별 공부 시간보다 모둠원들이 함께 협력하는 시간이 많으면 '함께하는 시간'을 사랑의 언어로 가진 학생에게 충만한 시간이 될 수 있다. 또 수업 중에 교사는 늘 '알려주는 사람'으로서 교실 앞에 위치할 때가 많은데, 가끔은 학생들이 모둠 활동을 할 때 직접 모둠에 들어가 모둠원으로서 활동하는 것도 학생들이 교사와 '함께'하고 있다고 느끼게 한다.

KEY POINT 📖

① 학생마다 다른 사랑의 언어를 파악하자.
② 서로에게 감사를 표현하고 도움을 주고받는 교실 문화를 만들자.
③ 학생들이 함께하는 시간을 늘리고 개별적인 관심을 듬뿍 표현하자.

17
문제행동 뒤에 숨어 있는 욕구 분석하기

매슬로우 욕구 위계

수업 시간에 유독 교사의 눈에 들어오는 아이들이 있다. 마음대로 행동하는 아이, 집중력이 부족한 아이, 무관심한 아이…. 도대체 이 아이들의 마음을 이해하기 어려울 때 어떤 방법을 사용하면 좋을까?

모든 사람은 욕구를 가지고 있으며, 그들의 행동은 자신의 욕구에 따라 결정된다. 그 욕구가 충족되면 행복함을 느끼지만, 그렇지 않으면 행복감이 떨어지고, 억압된 욕구는 문제행동으로 나타날 수 있다. 욕구는 곧 학교생활과 직결되며 욕구를 제대로 알기만 해도 참여형 수업에서의 상호작용과 학생을 이해하는 데 도움이 될 것이다.

교실에서 교사들이 직면하는 갈등 문제를 욕구를 해석하는 관점에서 연결해 보자. 무엇보다 교사 자신의 욕구가 어떤지 파악할 필요가 있다. 특별한 수업 장면에서 다른 교사들은 화가 나지 않는데 유독 나에게만 분노가 올라오는 것일까? 교사 자신의 욕구를 이해할 때 수업의 패턴을 이해할 수 있고 결국 학생들을 이해하는 데 도움이 될 수 있다. 교사의 입장에서 이해하기 어려운 학생들의 문제행동도 욕구의 관점에서 보면 이해할 수 있다. 학생들의 욕구를 잘 이해하고 그에 맞게 대응하면 학생들의 문제행동도 변화할 수 있다.

학생들의 욕구를 다룰 수 있는 방법들

교실에서 학생들의 욕구를 다루는 방법은 다양하다. 욕구 이론에 대한 이해가 우선이며 욕구와 연결되어 있는 감정을 이해할 필요가 있다. 또한 학생들의 욕구에 맞는 코칭과 놀이 수업을 통해 욕구가 채워질 수 있도록 도울 수 있다.

1. 매슬로우 욕구 위계 이론

매슬로우 욕구 위계(Maslow's hierarchy of needs) 이론에 따르면, 우리는 생리적 욕구, 안전의 욕구, 소속과 사랑의 욕구, 존중의 욕구, 그리고 자아실현의 욕구를 가지고 있다. 이 이론을 이해하고 적용함으로써 교사는 학생들의 욕구를 파악하고 충족시키는 방법을 찾을 수 있다.

2. 학생들의 감정 이해

학생들이 어떤 감정을 느끼고 있는지 이해하는 것이 중요하다. 감정은 늘 욕구와 밀접한 관련이 있으며, 학생들의 행동에 큰 영향을 미친다.

3. 욕구 코칭

학생들의 욕구를 이해하고 그에 맞게 접근하면 학생들의 문제행동도 변화시킬 수 있다. 욕구 코칭의 접근 방법들과 다양한 기술을 교실에서 실천하면서 현실적인 교실 갈등 문제를 잘 풀어나가는 것이 중요하다.

4. 실내 놀이 활동

실내 놀이 활동은 학생들의 욕구를 충족시키는 데 도움이 될 수 있다. 예를 들어, 숫자 맞추기 게임은 학생들의 학습 욕구를 충족시키는 데 도움이 될 수 있다. 각 학생의 욕구는 개인에 따라 다르므로 교사는 학생들을 개별적으로 이해하고 그들의 욕구에 맞게 대응하는 능력이 필요하다.

서로의 이해를 위한 과정, 욕구 코칭

수업에 참여하는 학생들은 다양하고 각자의 욕구가 다르기에 100% 학생들을 모두 만족시킬 수는 없다. 하지만 서로의 욕구를 이해하지 못하고 욕구 불만이 생길 경우 예상치 못했던 갈등 상황이 생겨 더 큰 어려움이 생긴다.

욕구가 충족되는 교실 상황 그리고 수업 상황에서 학생들은 행복감을 느낀다. 분명한 사실 하나는 다른 사람의 욕구를 이해하면 그 사람과의 관계를 개선하는 데 도움이 된다는 것이다.

상호작용이 많은 교실 수업을 위해서 욕구에 대한 이해는 필수적인 것이다. 욕구를 이해하는 것은 개인적, 사회적, 그리고 심리적 측면에서 모두 중요하다고 할 수 있다.

 **이렇게 적용해요!**

1. 욕구 파악을 위한 검사

욕구 파악을 위한 검사를 혼자서 할 경우에는 객관적이거나 정확하지 않을 수 있다. 자기의 현재 상태가 아니라 자신이 원하는 상태나 이상적인 상태라고 생각되는 것을 고를 수도 있기 때문이다. 따라서 욕구 파악 검사를 위해서는 주변 사람(가족이나 친한 친구)들의 의견과 반응을 살펴보면 좋다. 5가지 욕구가 전반적으로 높은 경우 에너지가 많고 좌충우돌해 보일 수 있고, 전반적으로 낮은 경우 다른 사람들이 보기에 무기력해 보일 수 있다.

욕구 강도 프로파일_어린이용

(출처 : 김현섭, 김성경 지음, 《욕구코칭》, 수업디자인연구소)

이름 : _____

아래의 A~E 박스 안의 질문에 점수로 답해 보세요.

전혀 그렇지 않다(1) 별로 그렇지 않다(2) 때때로 그렇다(3) 자주 그렇다(4) 언제나 그렇다(5)

A

돈을 아껴쓴다 (   )
돈이 생기면 모으거나 저축한다 (   )
몸이 아프면 낫기 위해 열심히 노력한다 (   )
밥 먹을 때는 골고루 먹으려고 한다 (   )
학교의 규칙을 지키는 것이 편하다 (   )
선생님이나 부모님이 싫어할 만한 일은 하지 않는다 (   )
하던 대로 하는 것이 편하다 (   )
위험해 보이는 일은 하지 않는다 (   )
옷이나 머리를 깔끔하게 하는 것이 좋다 (   )
쓸 수 있는 물건은 버리지 않고 간직한다 (   )

점수 합계 : (   )

B

관심과 사랑을 받지 못하면 힘들다 (   )
친구에 대해 궁금한 것이 많다 (   )
친구가 도움이 필요할 때 잘 돕는다 (   )
힘들거나 불편한 사람을 보면 도와주고 싶은 마음이 든다 (   )
사람들과 함께 있는 것이 좋다 (   )

B	친한 친구와 자주 만나고 이야기도 많이 한다 (　)
	나누어 주는 것을 좋아한다 (　)
	다른 사람이 나를 좋아해 주면 좋겠다 (　)
	친절한 편이다 (　)
	친구들과 함께 모여 놀거나 과제를 하는 것이 편하다 (　)
	점수 합계 : (　　)

C	내가 한 일에 대해 인정받고 싶다 (　)
	다른 사람이나 친구가 잘못했을 때 잘못에 대해 이야기한다 (　)
	다른 사람이나 친구에게 무엇을 하라고 잘 시키는 편이다 (　)
	놀거나 뭔가를 결정할 때 내가 낸 의견으로 정해지면 좋겠다 (　)
	쉽지 않은 상황이라도 내가 원하는 것을 하고 싶다 (　)
	친구가 무리한 부탁을 할 때 거절할 수 있다 (　)
	내가 하는 일에서 최고가 되고 싶다 (　)
	모든 친구들이 내 말대로 따라주면 좋겠다 (　)
	어른도 잘못 생각할 때는 말해 줘야 한다고 생각한다 (　)
	내가 해낸 것과 능력이 자랑스럽다 (　)
	점수 합계 : (　　)

D	교사나 부모님이 나에게 뭔가를 시키면 부담스럽다 (　)
	친해도 가끔 만나는 것이 좋다 (　)
	좋은 것도 강요하면 안 된다고 생각한다 (　)

D	누구나 자유롭게 선택할 수 있도록 존중해 주어야 한다 (　　) 내가 하고 싶은 일을, 하고 싶을 때 하기 원한다 (　　) 나 혼자 있는 시간이 필요하다 (　　) 정해진 계획이 불편하다 (　　) 한 가지를 끝까지 하는 것이 어렵다 (　　) 친구의 의견이 나와 달라도 괜찮다 (　　) 계획과 다르게 진행되어도 괜찮다 (　　)
	점수 합계 : (　　　　)

E	큰 소리로 웃기 좋아한다 (　　) 유머를 사용하거나 듣는 것이 즐겁다 (　　) 나 자신에 대해서 웃을 때가 있다 (　　) 새로운 것을 배우는 것이 즐겁다 (　　) 흥미있는 게임이나 놀이를 좋아한다 (　　) 여행이 좋다 (　　) 독서를 좋아한다 (　　) 영화를 즐겨본다 (　　) 호기심이 많다 (　　) 새로운 방식으로 생각해 보는 것이 즐겁다 (　　)
	점수 합계 : (　　　　)

욕구 검사 점수별 해석

• 45점 이상 : 해당 욕구가 매우 높음　• 36~44점 : 해당 욕구가 높음
• 31~35점 : 해당 욕구가 보통　• 30점 이하 : 해당 욕구가 낮음
• 20점 이하 : 해당 욕구가 매우 낮음

욕구 강도 프로파일_청소년용

(출처 : 김현섭, 김성경 지음,《욕구코칭》, 수업디자인연구소)

이름 : _____

아래의 A~E 박스 안의 질문에 점수로 답해 보세요.

전혀 그렇지 않다(1) 별로 그렇지 않다(2) 때때로 그렇다(3) 자주 그렇다(4) 언제나 그렇다(5)

A	돈이나 물건을 절약한다 ( ) 돈으로 살 수 있는 것에 만족을 느낀다 ( ) 나의 건강에 관심을 가지고 있다 ( ) 균형 잡힌 식생활을 하려고 노력한다 ( ) 각자의 성(남자답고 싶다, 여자답고 싶다)에 관심을 가지고 있다 ( ) 상식이나 규범에서 벗어나지 않으려 한다 ( ) 돈이 있으면 저축을 하는 편이다 ( ) 부득이한 경우가 아니면 모험은 피하고 싶다 ( ) 외모가 단정해 보이는 것이 좋다 ( ) 쓸 수 있는 물건은 버리지 않고 간직한다 ( ) 점수 합계 : ( )
B	나는 사랑과 관심을 많이 필요로 한다 ( ) 다른 사람의 고민이나 상황에 관심이 있다 ( ) 친구를 위해 시간을 낸다 ( ) 새학기 처음 만난 친구에게 말을 건다 ( ) 사람들과 함께 있는 것을 좋아한다 ( )

B	아는 사람과는 가깝고 친밀하게 지낸다 (　) 선생님이 내게 관심을 가져주기 바란다 (　) 다른 사람이 나를 좋아해 주기 바란다 (　) 다른 사람들에게 친절하게 대한다 (　) 부모님이 나의 모든 것을 좋아해 주기 바란다 (　)

점수 합계 : (　　　)

C	내가 하는 일에서 사람들로부터 인정받고 싶다 (　) 다른 사람이나 친구에게 충고나 조언을 잘 한다 (　) 다른 사람이나 친구에게 무엇을 하라고 잘 시킨다 (　) 옳다고 생각하면 주장하고 이루어내려 한다 (　) 사람들에게 칭찬 듣는 것을 좋아한다 (　) 친구가 무리한 부탁을 할 때 거절할 수 있다 (　) 내가 하는 일에서 최고가 되고 싶다 (　) 집단의 리더가 되고 싶다 (　) 내가 속한 집단이 내가 원하는 방향으로 나아가기(변화되기) 원한다 (　) 내가 이룬 것과 재능을 자랑스럽게 여긴다 (　)

점수 합계 : (　　　)

D	사람들이 내게 어떻게 하라고 지시하는 것이 싫다 (　) 내가 원하지 않는 일을 하라고 하면 싫다 (　) 다른 사람에게 어떻게 살아야 한다고 강요하면 안 된다고 생각한다 (　)

D	누구나 자유롭게 선택할 수 있도록 존중해 주어야 한다 ( ) 내가 하고 싶은 일을, 하고 싶을 때 하고 싶다 ( ) 다른 사람 눈치를 보지 않고 내가 하고 싶은 대로 살고 싶다 ( ) 누구나 인생을 자기 뜻대로 살 권리가 있다고 믿는다 ( ) 한 가지를 오래 하는 것이 어렵다 ( ) 친구의 의견이 나와 달라도 존중한다 ( ) 계획된 일이 다르게 진행되어도 크게 상관없다 ( ) <div align="right">점수 합계 : ( )</div>

E	큰 소리로 웃기 좋아한다 ( ) 유머를 사용하거나 듣는 것이 즐겁다 ( ) 나 자신에 대해서도 웃을 때가 있다 ( ) 뭐든지 유익하거나 새로운 것을 배우는 것이 즐겁다 ( ) 흥미있는 게임이나 놀이를 좋아한다 ( ) 여행하기를 좋아한다 ( ) 독서를 좋아한다 ( ) 영화나 음악감상을 좋아한다 ( ) 호기심이 많다 ( ) 새로운 방식으로 일하거나 생각해 보는 것이 즐겁다 ( ) <div align="right">점수 합계 : ( )</div>

욕구 검사 점수별 해석

• 45점 이상 : 해당 욕구가 매우 높음　　• 36~44점 : 해당 욕구가 높음
• 31~35점 : 해당 욕구가 보통　　• 30점 이하 : 해당 욕구가 낮음
• 20점 이하 : 해당 욕구가 매우 낮음

2. 학생들의 욕구별 성향 알아보기

욕구	긍정적인 면	부정적인 면
생존	• 공부할 때 준비가 철저함 • 꼼꼼하게 점검하고 의미있는 피드백을 꾸준히 실행함 • 깔끔하고 정리정돈이 잘됨 • 일을 신속하게 빨리 처리함	• 규칙이 많고 까다롭게 운영하다 보니 자유의 욕구가 높은 사람들과 충돌하는 경우가 많음 • 매뉴얼 없이 일을 처리하는 것에 어려움을 겪음 • 남들이 잘 하지 않는 잔걱정이 많고, 다른 사람들에게 잔소리를 잘함
사랑	• 생동감 있고 다양한 표정과 억양으로 이야기함 • 친구들과 대화하는 것을 좋아함 • 다른 사람들의 감정과 욕구를 잘 알아차리고 배려함 • 따뜻하고 평화로움	• 계획대로 잘 이루어지지 않음 • 작심삼일인 경우가 많음 • 자책하는 경향이 있고 주변 사람들에게 영향을 많이 받으며 쉽게 상처를 받음
힘	• 목표에 도달하기 위해 노력하고 성취 결과가 좋음 • 사람들 앞에서 긴장하지 않고 당당하게 말함 • 도전의식, 문제해결력, 리더십, 책임감	• 자기 의견과 다른 사람들을 질책하거나 야단을 칠 수 있음 • 업무 추진 과정에서 다른 사람들을 세심하게 배려하지 못하여 상처를 줄 수 있음 • 억압적인 태도로 상대방과 갈등이 발생할 수 있음
자유	• 창의성, 융통성, 상황 대처 능력이 높음 • 다른 사람들의 자율성을 존중함 • 집착하지 않고 혼자서도 잘 지냄	• 성취도가 낮은 편 • 자기에게 맞지 않으면 아예 하지 않거나 마지못해 하는 편 • 다른 사람들을 잘 챙기지 못함 • 지각을 자주하고, 규칙을 무시하는 경우가 있음

즐거움	• 가르치고 배우는 것 자체를 좋아함 • 재미있고 활기차게 행동함 • 매사 낙관적이고 유쾌함 • 각종 이벤트, 행사 등을 잘 기획하고 진행함	• 일을 많이 벌여놓고 뒷수습을 잘 못 할 수 있음 • 산만할 수 있음 • 단순 반복 업무를 잘 처리하지 못함

	생존	힘	사랑	자유	즐거움
과제지향성	완수형	목표형	대기만성형	미완성형	재미형
학습관리능력	규칙형	목표지향형	지연형	임기응변형	집중형
학습감각	청각형	시각,청각형	시각-운동감각형	운동감각-시각형	운동감각-시각형
학습취약성	시험전략	학습조직화	정서조절	주의력조절	단순암기
학생상호성	자기목표중심	타인경쟁중심	관계협력중심	개인선호중심	개인선호중심
학습도전형태	인내형	도전형	무기력형	자유형 무기력형	변덕형

욕구별 성향 분류

KEY POINT 📖

욕구 분석이 수업에 도움이 되게 하기 위한 3가지 체크

① 학생들의 시너지가 발휘될 수 있는 모둠 구성을 고려해 본다.

② 다양한 욕구 유형의 학생들이 골고루 섞일 수 있도록 하되, 특히 힘의 욕구가 많은 학생들을 모아놓지 않도록 한다.

③ 서로를 이해하는 도구로 사용하며 긍정적인 면에 초점을 맞추도록 한다.

한 번 알면 편해지는 수업 원리

Part 4
걱정 끝!
수업 방해 해결하기

18

자기조절을 못 하고
충동적으로 행동해요

인식적 행동 변화 훈육 : 마음의 평정 얻게 하기

수업은 자존감과 깊은 관련이 있다. 나보다 잘하는 아이와 나보다 못하는 아이, 선생님의 인정을 받는 아이와 그렇지 못한 아이…. 수용되거나 인정받지 못한다는 생각에 빠지는 순간 자존감에 큰 상처가 나고 만다. 수업이 단순히 수업 스킬에서 끝나는 것이 아니라 한 명 한 명의 학생들을 케어해야 하는 상황까지 연결되기에 교사의 책임감 또한 가볍지 않다. 그러므로 학생들이 자신의 행동을 규제하고 더 나은 선택을 할 수 있도록 도와주며, 부정적인 행동을 피하기 위한 지도를 제공할 수 있어야 한다.

학생들이 발생시키는 특정 행동(화남, 울음, 괴롭힘, 때리기 등)에 대해 교사가 할 수 있는 일은 무엇일까? 학생들이 잠시라도 자기 규제를 스스로 배우는 변화된 교실을 만들고 싶다면 '인식적 행동 변화 훈육 (Conscious Discipline)'이 큰 도움이 될 것이다.

안전한 수업 환경을 만드는 인식적 행동 변화 훈육법

인식적 행동 변화 훈육법은 베키 베일리(Becky Bailey)가 디자인한 사회-정서 학습과 훈육을 결합시킨 자기조절 프로그램이다. 여기서 말하는 사회-정서 학습은 학생이 자신의 정서를 이해하고 표현을 조절하며 타인의 정서를 이해함으로써 원만한 대인관계를 유지하고 책임 있는 의사결정을 내리는 능력을 발달시키게 하여 전체적인 학교 환경을 안전하게 조성하는 학습이다.

기존의 훈육에서는 수업을 방해하는 학생을 지적하고 행동 수정을 강조하는 데 비해 인식적 행동 변화 훈육은 자기조절을 연습하게 해준다는 장점이 있다. 즉 외적 보상과 처벌에 목적을 둔 훈육이 아닌, 안전하고 사랑받고 있다는 감정 상태와 연결된 유대감, 혼자서 문제를 해결할 수 있다는 실행력을 포함한 교실 문화를 조성하는 데 있다.

수업 시간에 학생들에게 가르쳐야 할 7가지 사회적 기술로는 평정, 격려, 자기 주장, 선택, 공감, 긍정적인 의지, 결과 받아들이기가 있다.

종류	생활/의사소통 기술
평정	분노 조절하기, 욕구 충족 지연시키기
격려	친사회적 기술 습득 : 친절, 배려, 도움
자기 주장	괴롭힘 예방하기, 서로의 영역 배려하기
선택	충동 조절하기, 목표 달성하기
공감	감정 조절하기, 타인의 입장 이해하기
긍정적인 의지	협력하기, 문제 해결하기
결과	실수를 통해 배우기

ABC 이렇게 적용해요!

1. 세이프 존(Safe Zone) 만들기

교실 한편이나 별도로 만들어진 공간에 학생들의 분노를 차분하게 해줄 수 있는 장소를 만들어 분리된 장소에서 감정을 조절할 수 있는 문을 열 수 있게 해준다. 이 세이프 존을 통해 본인이 현재 하고 싶은 욕구를 지연해 볼 수 있는 시간을 인위적으로 만들어보는 것이다.

2. 별 쿠션과 함께 자기조절하기

세이프 존에 온 학생은 별 모양 쿠션을 손에 잡고 돌리며 크게 숨을 쉬고 잠시 멈췄다가 내뱉는 행동을 최소 10회 이상 반복하게 한다.

3. 내 감정 찾아보기

숨쉬기를 한 뒤에는 현재 나의 감정을 찾아보도록 한다. 자신의 감정이 어떤 상태인지를 파악해서 기록을 해본다(시중에서 판매하는 감정 카드를 사용해도 된다).

4. 감정을 순화시키기 위한 행동하기

내 감정을 고르고 난 뒤에 그 감정을 순화시키기 위해 어떤 행동을 취할지 고르는 행동을 하게 한다. 예를 들어, 말랑이 공 만지기, 풍선 불기, 물 마시기, 글로 마음 표현하기, 누군가에게 말하기, 그림 그리기, 책 읽기, 가족이나 친구와 함께 있기 등이 있다.

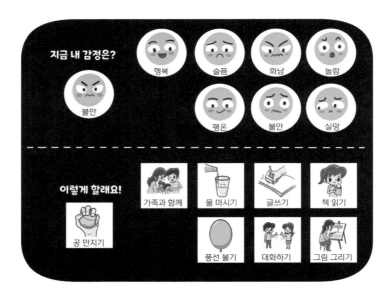

5. 문제해결 방법 찾아보기

4단계를 통해 감정을 순화하고 난 뒤에는 갈등 상황에 있는 친구와 함께 속마음을 표현해 보는 '문제해결 발걸음'을 진행해 보도록 한다.

양쪽 끝에 갈등 상황에 있는 친구가 서 있는다.

학생 A (저 친구와 이야기할 마음이 있어?) 마음이 있을 경우 1번 발자국 마크에 발을 옮기고 심호흡을 크게 5번 한다.

학생 B (저 친구와 이야기할 마음이 있어?) 마음이 있을 경우 1번 발자국 마크에 발을 옮기고 심호흡을 크게 5번 한다.

학생 A (잘 지냈으면 해) 앞에 친구와 잘 지내고 싶은 마음이 있을 경우 2번 발자국 마크에 발을 옮긴다.

학생 B (잘 지냈으면 해) 앞에 친구와 잘 지내고 싶은 마음이 있을 경우 2번 발자국 마크에 발을 옮긴다.

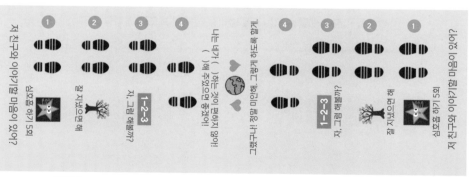

학생 A   학생 B

학생 A (자, 그럼 해볼까?) 속으로 하나 둘 셋을 세면서 3번 발자국 마크에 발을 옮긴다.

학생 B (자, 그럼 해볼까?) 속으로 하나 둘 셋을 세면서 3번 발자국 마크에 발을 옮긴다.

학생 A (나는 네가 ~하는 것이 편하지 않아! ~해 주었으면 좋겠어!) 라고 말하면서 4번 발자국 마크에 발을 옮긴다.

학생 B (그랬구나! 정말 미안해. 그렇게 하도록 할게.) 앞에 있는 학생의 이야기를 들으며 행동 다짐을 하면서 4번 발자국 마크에 발을 옮긴다.

KEY POINT 📖

① 학생들 스스로 자기조절을 시도해 볼 수 있는 공간을 만들어보자.
② 학생들 스스로 자기조절을 위한 수업 도구를 교실에 구비해 보자.
③ 학생들 각자에게 맞는 자기조절 방법을 선택해 보도록 기회를 주자.

CHECK POiNT 🖋

우리 반 수업에서 자기조절 능력을 특별히 더 연습해야 할 학생은
누가 있을까요? 잠시 우리 반 수업을 돌아보며 정리해 보는 시간을
가져보세요.

수업 시간에 자기조절이 많이 필요한 학생은?

* --
* --
* --

인식적 행동 변화 훈육 방법에서 내가 사용해 보았던 방법은?

* --
* --
* --

우리 반 수업을 위해 환경적으로 고민해야 할 사항은 무엇인
가요?

* --
* --
* --

19

학생들이 자주
문제행동을 일으켜요

윈윈 훈련 : 문제행동을 예방하는 수업 구성

김 선생님은 요즘 수업 시간에 집중하지 않고 참여하지 않는 학생들 때문에 걱정이 이만저만이 아니다. 수련 활동 등으로 빠진 날이 많아 진도를 빠르게 나가야 하는데, 학생들을 집중시키는 데 너무 많은 시간을 빼앗긴다. 그래서 하루는 유독 참여율이 낮은 학생 3명과 상담을 했다. A학생은 진도를 따라가지 못해 멍하니 앉아 있었다고 했으며, B학생은 이미 아는 내용이라 집중하지 않았다고 한다. 그리고 C학생은 밖에 나가 놀고 싶어서 몸을 가만히 둘 수 없었다고 한다. 김 선생님은 어떻게 하면 이 학생들을 모두 참여시킬 수 있을까?

수업 시간에 같은 문제행동을 보이더라도 학생들은 저마다 이유가 다르다. 스펜서 케이건 박사(Dr. Spencer Kagan)는 '윈윈 훈련(Win Win Discipline)'을 통해 교실에서 나타나는 학생들의 문제행동에는 7가지의 이유가 있다고 보았으며, 각 이유에 따라 사전에 문제행동을 예방할 수 있는 다양한 방법을 소개하였다. 문제행동의 이유는 충족되지 않은 욕구와도 유사한 측면이 있는데, 윈윈 훈련에 따르면 학생들은 자신이 처한 욕구를 스스로 충족하고 다룰 수 있는 방법을 배워서 이득이고, 교사는 학생들에게 안전하고 생산적인 학습 환경을 제공함으로써 가르침에 온전히 집중할 수 있기 때문에 이득이다. 즉 교사와 학생 중 한쪽이 이기는 싸움이 아니라, 둘 다 이득인 윈윈 상황이 만들어진다. 윈윈 훈련은 5P(Pillars, Procedure, Positions, Process, Program)로 구성되며, 이를 종합하면 문제행동을 예방하고 대처하는 하나의 시스템이 된다.

1. 추구하는 철학과 목표(Pillars)

윈윈 훈련을 성공적으로 실현하기 위해 명심해야 하는 철학과 목표가 있다. 이는 윈윈 훈련의 '기둥(Pillars)'에 해당하며 가장 바탕이 된다.
① 교사는 학생 편(Same Side Approach)
② 교사와 학생이 함께 협력하는 해결책(Collaborative Solutions)
③ 책임감 있는 행동의 배움(Learned Responsibility)

2. 개인, 교실 차원의 예방과 학생들의 입장(Procedure & Positions)

학생들이 교실에서 일으키는 문제행동은 공격적 행동, 규칙 위반, 권위 도전, 참여 거부의 4가지 유형으로 나타난다. 그리고 학생의 문제행동 이면에는 학생들이 실제로 처해 있는 상황과 입장이 7가지 욕구로 나타난다. 사전에 다양한 욕구를 해소할 수 있도록 수업 환경을 구성하면 문제행동의 상당수가 예방될 수 있다.

문제행동이 발생하기 전에 미리 학생들의 욕구를 충족시키는 예방 절차는 모든 학생을 대상으로 하며, 다음에 분류된 7가지 욕구가 미리 충족되도록 수업 환경을 조성하는 과정이다. 예를 들어, 수업을 시작하기 전에 한 명씩 눈을 맞추며 인사를 나누는 것은 관심을 갈망하는 학생들의 욕구를 충족할 수 있다. 또한 수업의 도입 활동으로 몸을 움직이는 활동은 에너지가 과한 학생들의 욕구를 미리 충족시킬 수 있다.

문제행동	학생들의 상황	예방법
공격적 행동 Aggression 규칙 위반 Break Rules 권위 도전 Confrontation 참여 거부 Disengagement	관심 요구	인사, 미소, 알아주기, 긍정 확언, 감정 읽기, 명예의 전당, 1:1 멘토링, 예시로 학생 이름 사용
	실패 회피	즉흥 발표 피하기, 개별 피드백, 강점 집중, 이해도 확인을 위한 제스처 사용, 긍정적 기대, 과업을 작은 단계로 제공
	분노 표출	편애 금지, 동의하듯 반대하기, 평화의 땅 지정, 화를 표출하는 표현 학습, 역할극, 분노 조절 기술 교육
	통제 거부	선택권 주기, 책임 부여, 학생위원회, 1인1역, 자유시간, 의견 묻기, 제안함, 투표, 규칙 만들기, 학급회의
	에너지 과다	짧은 게임, 스트레칭, 스포츠, 교과 외 활동, 차분한 음악, 자극 제거, 몸을 이용한 활동
	지루함	참신한 수업, 개별 흥미 고려, 이름 부르기, 실제적 과제, 감정 자극, 유머, 코스튬, 스토리텔링, 이색 자료 제공, 적절한 수준
	규칙 미숙지	수업 루틴, 개별 튜터, 성인 멘토, 게시판 활용, 다중 지능 활용, 도움 요청법 교육, 언어적/비언어적 신호 지정

3. 입장에 따른 전략 적용 과정(Process)

이 단계는 문제행동이 이루어지는 순간에 이루어지는 전략으로 문제
행동의 후속 조치에 해당한다. 학생의 문제행동을 파악하였으면 그 바
탕 욕구를 파악하고 행동과 입장에 알맞게 즉각 대처한다.

학생들의 상황	대처법	필요한 특성
관심 요구	무시, 관심 분산, 협동학습	자기 확신
실패 회피	격려, 단계별 과업 제시	자신감
분노 표출	감정의 치환	자기 통제력
통제 거부	행동의 결과 주지, 힘의 분리	자기 결정 능력
에너지 과다	에너지 분출 기회, 진정시키기	자기 교수
지루함	다양함, 과업 난이도 조절	자기 동기 부여
규칙 미숙지	지속적인 이해도 확인	자기 정보력

4. 학교, 지역 차원의 예방 프로그램(Program)

교실 내에서는 일시적으로 욕구를 충족시켜주거나 욕구에 대처하는
방법을 알려줄 수 있으나 장기적인 효과를 기대하기는 어렵다. 욕구 관
리 기술을 알려주는 학교나 지역 차원의 예방 프로그램이 마련될 필요
가 있다.

ABC 이렇게 적용해요!

학생들의 입장마다 각각 다른 활동을 적용할 필요는 없다. 몇 가지 활동만으로도 간단하게 적용할 수 있다.

1단계. 음악과 스트레칭으로 수업 시작하기

수업을 본격적으로 시작하기 전 1~2분은 수업 분위기를 결정할 수 있는 좋은 시간이다. "이제 그만 모두 자리에 앉고 교과서 110쪽을 펴세요."라는 말로 수업을 시작하는 것보다 밝고 즐거운 분위기로 수업을 시작하는 것은 어떨까? 그것을 위해서는 먼저 즐거운 음악을 준비하고 간단한 스트레칭 시간을 딱 2분만 가져보자.

- (주도권 획득, 관심 갈망) 학생들의 신청곡 활용하기
- (과한 에너지, 지루함) 가벼운 신체 활동
- (분노 표출) 음악과 함께 기분 전환 기회 제공, 큰 소리로 따라 부르게 하기

2단계. 수업의 흐름이 한눈에 보이도록 하기

학생들의 지루함을 달래려다 보면 다양한 활동이 많이 활용되곤 한다. 그때마다 규칙을 새로 알려주는 것은 교사에게도 힘들지만 학생들에게는 더더욱 힘든 일이다. 그래서 수업을 루틴화하여 자주 사용하는 수업 기술 몇 가지를 훈련시켜놓는 것도 좋다. 색다른 활동을 할 때는 학생들이 규칙을 명확히 알 수 있도록 구두로만 전달하지 않고 시범 영상을 함께 제공하여 시각적으로 전달하는 것도 도움이 된다. 화려한 편집 기술이 없더라도 이전에 했던 활동 영상이나 학생들과 함께한 시범 영상이면 충분하다. 체크리스트 또는 플로우 차트를 학습 자료에 함께 넣어 학생들이 활동 중간중간 확인할 수 있도록 하는 것도 좋은 방법이다.

- (규칙 미숙지) 시범 영상 보여주기, 수업 예고편 보여주기, 사전 연습 활동
- (주도권 획득) 스스로 표시하는 체크리스트

3단계. 다양한 방식의 힌트 제공하기

도움이 필요한 학생들을 파악하기 위해 기본적으로 이해도 확인 제스처나 이해도 표시 도구를 활용하는 것이 좋다. 학습지 구석에 크게 별표를 그리라고 할 수도 있고, 신호등 도구를 이용해서 이해도를 표시하도록 해도 좋다.

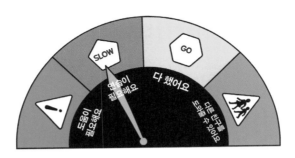

이해도 표시 도구 예시

일부 학생들은 다른 학생들에게 모르는 것을 들킬까봐 교사가 일대일로 알려주는 것을 원하지 않으며, 심지어는 힌트를 제공해도 받지 않는다. 그래서 힌트를 티 나지 않게 주는 방법이 필요하다. 수업 중 휴대폰 사용이 자유로운 편이라면 구글 클래스룸이나 카카오톡 채팅방 등을 활용해서 힌트를 미리 올려주는 것도 하나의 방법이다. 그것도 마땅치 않다면, 학습 자료에 처음부터 힌트를 충분히 제공하자! 초성을 미리 알려주거나, 보

기를 제공하거나, 학습지의 여백에 QR 코드를 삽입하는 등 힌트에 대한 접근성을 높여 실패 확률을 줄여줄 필요가 있다.

그 외에 실패를 두려워하는 학생들은 대부분 갑작스러운 호명이나 발표를 두려워하는데, 이때엔 "오늘 정말 발표하고 싶지 않은 친구들은 윙크를 하세요(눈을 빠르게 깜박이세요)."라고 이야기하는 것도 좋다. 큰 제스처 없이 자신의 의사를 표시할 수 있는 방법이라 부담이 적기 때문이다.

- (규칙 미숙지) 이해도 및 도움 확인 제스처 활용
- (실패에 대한 두려움) 힌트 학습지 제공

4단계. 다양한 선택권과 역할이 제공되는 수업 만들기

학생마다 과제를 완수하는 속도가 다른 것은 수업 중 가장 큰 고민이다. 다음 활동으로 넘어가자니 아직 못 한 학생들이 마음에 걸리고, 기다려주자니 이미 끝낸 학생들이 가만히 있지를 않는다. 이때 학생들의 지루함을 단번에 날려버리고 에너지도 분출해 낼 수 있는 간단한 보너스 활동을 준비해 보는 것은 어떨까?

'Wordwall' 사이트에서는 다양한 종류의 플래시 게임을 손쉽게 제작할 수 있다. 대부분 기록 게임이라 최고 기록자는 명예의 전당에도 오른다. 이 게임의 링크는 학습 자료에 QR 코드로 삽입해서 수업 중이 아니더라도 참여할 수 있게 열어두면 모두에게 윈윈이다.

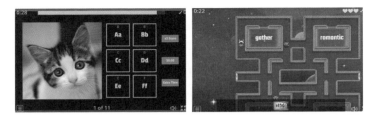

Wordwall 사이트 게임 활용하기

관심을 받고 싶고, 주도권을 가지고 싶은 욕구는 다른 학생들을 도와주는 활동으로 해소시킬 수 있다. 수업 중 가벼운 학습 확인이 필요하거나 채점 활동이 필요할 때 오늘의 일일 교사를 지정하여 교사 명찰을 목에 걸어주고 선생님의 확인 도장을 찍도록 하는 것이다.

- (지루함, 주도권 획득, 과한 에너지, 관심 갈망) 보너스 게임 제공하기
- (주도권 획득, 관심 갈망) 일일 교사 활동

CHECK POiNT 🖋

우리 반 수업에서 가장 우려되는 학생들의 문제행동은 무엇인가요?
문제행동을 보이는 학생들을 떠올려보세요. 그 학생이 처해 있는 상황과 연관 지어 학생들의 입장을 살펴보세요. 그리고 그 학생들에게 제공할 수 있는 지원 방안을 생각해 봅시다.

문제행동	학생들의 입장	지원 방안
공격적 행동		
규칙 위반		
권위 도전		
참여 거부		

20
수업 중에
유독 힘든 학생이 있어요

2×10 법칙 : 권위자에서 동맹자로 관계 맺기

    수업 시간에 가만히 있어 주기만 해도 그나마 나을 텐데 방해가 너무 심해서 수업 진행을 끊고 교사의 마음을 불편하게 하는 아이들이 있다. 타임아웃도 시켜보고 타이르기도 해보지만 교사도 인간이기에 좀처럼 나아지지 않는 아이 한 명 때문에 '수업을 하고 싶지 않다'는 생각까지 드는 경우도 있다.

    김 선생님 교실에도 이런 아이가 있었다. 그런데 어느 날 어머니가 미혼모였고 친아빠는 어디에 있는지도 모르는 상황에서 아이가 가족을 부양하기 위해 아르바이트를 늦게까지 한다는 사실을 알게 되었다. 아이가 수업 시간에 잠을 자거나 교사에게 무례하게 굴었던 이유는 잠을 거의 못 자고 아르바이트에 대해 걱정을 하고 있기 때문이었다. 이 사실을 알기 전과 알고 난 뒤 아이에 대한 관점과 태도에 확연한 차이가 생겼다. 김 선생님은 아이에게 다르게 말하기 시작했고, 그 아이 역시 교사에게 다르게 말하기 시작했다. 사실 이 아이에게 있는 진짜 문제가 해결된 것은 아니다. 그 아이는 여전히 일을 해야 했고 수업 시간에 피곤함도 계속되었다. 하지만 한 가지는 확실하다. 그 아이와 교사 사이에 있던 부정적인 상호작용은 점차 사라지고 있었다.

문제를 일으키는 아이들은 자신을 지적하는 교사를 권위적인 존재로 인식하고 상당히 부정적인 대상으로 내재화하는 경향이 있다. 그렇다면 교사가 학생들에게 부정적인 권위자가 아닌 동맹자이며 옹호자로서의 모습이 되었을 때 수업은 어떻게 바뀔 수 있을까?

아이를 기적적으로 변화시키는 비밀, 2×10 법칙

"젤리 먹을래?"

반 아이 한 명에게 몰래 간식을 주며 귓속말로 이렇게 이야기했을 때 미소 띤 아이의 표정을 잊을 수가 없다.

서로의 생각과 경험, 느낌을 공유하는 데서 발생하는 친밀감이 없다면 그 관계는 피상적일 수밖에 없다. "굳이 수업을 위해서 이러한 관계를 학생들과 만들어야 하는가?"라고 생각할지도 모르겠다. 하지만 수업은 단순한 정보 전달이 아니다. 관계를 통한 상호작용의 결과물이기에 무엇보다도 관계를 세우는 일이 우선이다.

아무리 바쁜 세상이지만 2분이라는 시간을 마련하는 일이 큰 부담은 아니다. 하루 2분씩 관계 형성을 위해 10일간 노력한다면 과연 어떤 효과가 있을까? 학생과 함께 개인적이고 사소한 이야기를 나누는 것만으로도 정말 수업에 도움이 되는 것일까?

　미국의 교육학자 레이먼드 블로드코브스키(Raymond Wlodkowski)는 수업 중 학생 행동에 대한 광범위한 관찰을 수행하고, 교실 안과 밖에서 수업 방해의 유형, 사례 및 심각도를 목록화하였다. 특히 그는 "2×10의 법칙(Two-by-Ten)"이라는 전략을 연구하였는데, 수업을 가장 어렵게 하는 학생을 대상으로 교사가 매일 2분씩 10일간 연속으로 그 학생의 관심사에 대해 개인적인 대화를 나누도록 하였다. 그 결과 학생들의 행동이 85% 이상 개선되었음을 발견했다고 한다.

　캘리포니아의 산 라파엘에 있는 도미니카 대학교 교사 자격 프로그램의 겸임교수인 마사 앨런(Martha Allen)도 교사들에게 가장 힘든 학생과 함께 2×10의 법칙을 사용하도록 했다. 그 결과 거의 모든 교사들이 학생들의 모습뿐 아니라 학급 전체의 행동과 태도에 현저히 개선의 효과가 있다고 보고했다. 지도하기 어려운 학생일수록 그 학생과 강력한 개인적 관계를 맺음으로써 교사는 수업에서 권위자가 아닌 동맹자가 된 것이다.

　피셔(Fisher)와 프레이(Frey)는 《Engagement by Design》(2018)에서 "인정받거나 안전하다고 느끼지 않으면 학생들이 학습에 온전히 집중할 수 없다."고 말한다. 수업을 하는 교사 누구나 교실에 있는 학생들이 제대로 배움의 시간을 갖기를 바란다. 또한 수업에 참여하는 학생들은 교사로부터 받아들여지고, 안전하며, 신뢰받는 존재라고 느끼고 싶어 한다.

교실에서 2×10을 사용하려면 교사의 추가적인 시간과 사랑이 필요한 학생이 누구인지 생각해 보아야 한다. 분노를 자주 표출하거나 친구들과의 관계에 어려움이 많은 학생일 수도 있다. 충동 조절이 부족할 수도 있고 타임아웃이 매번 필요하거나 문제행동으로 인해 부모님께 연락을 해야 할 가능성이 높은 학생일 수도 있다. 내 수업에서 가장 먼저 떠오르는 학생이 있는지 생각해 보자.

떠오르는 학생이 있다면 꾸준히 일관성을 유지하면서 만날 수 있는 시간이 언제가 좋을지 살펴보아야 한다. 긴 시간이 아닌, 2분이라는 짧은 시간이기 때문에 특별한 장소가 아니어도 된다. 하루를 시작하는 아침 시간에 이야기를 나눌 수도 있고, 점심 식사 직후 잠시 쉬는 시간에 2분간 대화를 나눌 수도 있을 것이다.

그다음은 10일 동안 학생을 만나 학생이 원하는 것에 대해 이야기 나누는 것이다. 2분 대화에서는 학생의 잘못된 행동을 지적하거나 부족한 성적에 대해 이야기하는 시간이 아니다. 가벼운 대화를 하면서 서로를 알아가고 관계를 일대일로 만드는 시간이다. 처음에는 학생이 이야기하고 싶어 하지 않거나 하고 싶은 이야기가 없다고 할 수도 있다. 이럴 때는 학생이 관심을 가질 만한 시사, 가족, 음식, 취미, 영화 등을 주제로 이야기를 시작하면 좋다.

정말 할 이야기가 없을 경우 감정을 물어보는 질문이나 좋아하는 것을 가지고 이야기를 시작하는 것을 추천한다. 처음부터 무겁게 대화하지 않고 자연스럽게 대화하기 위해서는 감정카드나 대화 스타터 카드 등의 도구가 있을 경우 더 쉽게 대화를 이끌어갈 수 있다.

2분 대화의 흐름

☀ 생각해 보기

　전통적인 타임아웃은 아이가 정해진 시간 동안 혼자 어딘가(지정된 의자에 앉거나 벽을 마주 보고 있는 등)로 가게 해서 분리를 시키는 것이다. 일반적으로 타임아웃은 교사들 사이에서 가장 빈번하게 사용하는 기법 중 하나이다. 그런데 수업 시간에 하는 타임아웃 전략은 당장 그 순간에 행동이 발생하는 것을 막을 수는 있지만, 타임아웃을 당하는 아이 입장에서는 버림받고, 거부당하고, 두려움을 동반한 혼란스러움을 느낄 수 있다. 실제로 타임아웃을 통해 아이들이 그 자리에 가서 감정을 조절하는 법을 배우거나 자신이 한 행동의 옳고 그름과 같은 도덕적 가치를 배우면 좋은데, 이러한 효과보다는 종종 누가 힘이 더 센지를 확인하는 파워게임으로 이어지기도 하고 부정적인 감정을 더 크게 하기도 한다.

　타임아웃이 장기적으로 보았을 때 교실에서 제대로 작동하지 않는 몇 가지 이유는 다음과 같다.

- 때로 매시간 타임아웃을 해야 할 필요성을 느낀다.
- 타임아웃 중인 아이가 반성하기보다는 언제 자신의 자리로 갈 수 있는지를 반복해서 묻는다.
- 타임아웃을 시키고 반성하지 않는 모습을 보면서 더 화를 내고 있는 교사의 모습을 볼 수도 있다.

　타임아웃 대신 선택할 수 있는 방법 중 하나는 타임인(Time In)이다.

긍정적인 타임아웃(positive time out)이라고 불리는 타임인은 어려운 순간을 겪고 있는 아이가 선생님 옆 어딘가(복도나 교실의 한쪽)에 앉아 자신의 감정을 표현하고 가라앉히도록 친절하게 초대하는 전략 중 하나이다. 그 시간 동안 교사는 학생의 감정에 공감하면서 폭풍이 지나갈 때까지 조용한 연결만 하고 있으면 된다. 그렇다고 해서 학생이 부적절한 행동을 계속 하도록 내버려두어야 한다는 의미는 아니다.

타임인이 수업 시간에 작동하는 이유는 다음과 같다.

- 아이들은 자신의 마음을 알아주는 사람이 있다고 느낄 것이다.
- 아이들에게 다양한 감정을 적절하게 처리할 시간이 주어진다.
- 당면한 실제 문제에 대해 교사와 학생이 이야기할 수 있는 기회를 제공한다.

KEY POINT 📖

① 학생들의 개인사에 대해 알도록 노력하자.
② 학생들이 나에 대해서도 궁금한 생각이 들게 하자.
③ 어려운 학생의 감정이나 좋아하는 것이 무엇인지 2분만 투자해 보자. 딱 2분이다.

CHECK POINT 🖋

우리 반 수업에서 지도하기 어려운 학생은 누구이며, 그 학생을 위해 시간을 어떻게 만들고 무엇을 말해야 할까요? 잠시 우리 반 수업을 돌아보며 정리해 보는 시간을 가져보세요.

수업을 자주 방해하는 학생은 누구인가요?

* _____
* _____
* _____

나와 학생이 만날 수 있는 최적의 시간은 언제인가요?

* _____
* _____
* _____

어떤 주제로 이야기하면 좋을까요?

* _____
* _____
* _____

21
수업 방해 해결을 위한
훈육 이론의 핵심

수업에서의 훈육을 다루고 있는 많은 학문적 이론들이 있다. 그중에서 전 세계 교육학자들에게 가장 인정받고 있고 교실 현장에서 이미 사용되고 있는 대표적인 훈육법들이 가진 공통점을 알아보았다. 스펜서 케이건(Spencer Kagan)의 '교실에서 통하는 훈육(win win discipline)', 플립 플리펜(Flip Flippen)의 '아이들 마음 사로잡기(Capturing Kids Hearts)', '회복적 생활교육(Restorative Discipline)', 제인 넬슨(Jane Nelsen)의 '긍정훈육법(Positive Discipline)', 데이비드 크로스(David Cross)와 카린 퍼비스(Karyn Purvis)의 '신뢰 기반 관계 조정(Trust-Based Relational Intervention, TBRI)', 베키 베일리(Becky Bailey)의 '인식적 행동 변화 훈육(Conscious Discipline)' 등 권위를 인정받고 있는 이들 훈육법이 이야기하는 공통 요소는 다음과 같다.

첫째, 학생들 문제의 근본 원인은 두려움과 신뢰할 만한 보호자의 부재이다. 이는 타인에 대한 신뢰감 결여로 이어진다. 안전함과 평안함을 느끼지 못하는 환경에서 자라는 아이들은 내적인 두려움도 커진다. 신뢰감 결여와 두려움 증가는 결국 자신감의 부족, 우울, 화로 이어지고 불안한 심리 상태로 연결된다.

둘째, 아이들의 문제를 해결하기 위해서는 학생들이 현재 느끼고 있는 감정을 충분히 공감해 주는 대상과 시간의 확보가 필요하다. 무엇보다 자신의 욕구를 존중해 주는 가족과 주변 사람들이 필요하다.

셋째, 학생들의 가정과 교우 그리고 교사와의 관계 가운데 무너진 곳을 채워줘야 한다. 이를 위해서는 효과적이고 실질적인 질문을 통해 자신의 마음속에 있는 것들을 누군가에게 건강하게 표현할 수 있도록 해야 한다.

넷째, 건강한 아이일수록 일정한 울타리 안에서 평안히 지낼 수 있는 일정한 규칙을 인지하고 있다. 그러기 위해서는 그것을 잘 지킬 수 있도록 돕는 누군가의 존재가 필요하다.

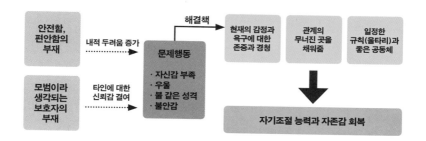

다섯째, 건강한 아이는 감정과 욕구 문제, 무너진 관계의 문제 등을 해결하도록 도울 수 있는 사람들이 주변에 있고, 그 아이들에게서 보여지는 대표적인 특징은 자기조절과 자존감 회복 능력이다.

1. 감정을 표현할 수 있는 시간을 확보하자!

교실에서 발생하는 감정에 대한 연구는 어린이와 청소년의 성격 형성과 발달에 필수적이다. 어린이와 청소년은 자신과 다른 사람의 감정을 인식하고, 그들의 감정에 대해 이야기하고 관리하는 방법을 배우는 것이 중요하다. 어릴 때부터 감정 관리 기술을 배우면 불안, 스트레스, 우울증, 좌절감 등을 조절할 수 있다. 실제로 자존감 향상, 타인과의 더 나은 관계, 개인적인 목표 달성 등은 모두 감정 관리와 밀접하게 연관되어 있다.

감정 관리는 필요할 때 자신의 감정을 조절할 수 있는 능력을 의미한다. 따라서 학생들이 교실에서 감정을 이해하고 관리하는 능력을 키우는 것이 감정 교육의 주요 목표다.

감정 교육의 주요 목표

－ 자신과 다른 사람의 감정을 알고, 인식하고, 이해하고, 설명한다.

－ 부정적인 감정을 제어하고 긍정적인 감정을 생성하는 전략 및 기술

을 개발한다.
- 부정적이거나 해로운 결과 또는 부정적인 감정을 피하고 예방한다.
- 삶에 대한 긍정적이고 낙관적인 태도를 개발한다.
- 긍정적인 감정의 이점을 인식한다.

교사는 교실에서 감정을 다루는 데 도움이 될 수 있는 교육 활동을 계획해야 한다. 이것의 목적은 어린이와 청소년이 감정을 관리하는 전략을 만드는 것이다. 따라서 학생들의 감성 지능을 점진적으로 발전시키기 위해 공감, 적극적인 태도, 자기 주장을 개발하는 것이 중요하다. 감정을 알아차리기 위해 가장 좋은 도구는 감정카드를 통해 학생들의 마음을 읽는 것이다.

모닝 미팅이나 하교 지도 전 모닝 미팅이나 하교 전과 같이 모든 학생들이 모여 있는 시간은 감정을 알아보기 위해 좋은 시간이다. 예를 들어, 전날 집에서 무엇을 했는지 묻는 것처럼 간단히 진행할 수 있다. 학생들이 어떻게 느꼈는지, 현재 어떻게 느끼는지, 왜 그렇게 느끼는지에 대해 이야기하는 것은 감정을 이해하는 첫 번째 단계다.

독서 시간 이야기를 서술하거나 읽는 것은 학생들이 캐릭터의 경험과 공감할 수 있게 해주어서 감정을 다루는 데 이상적인 전략이다. 그런 다음 캐릭터가 느끼고 경험하는 것을 토론하여 학생들이 다른 감정을 인식하고 식별하도록 도와줄 수 있다.

문제가 있는 상황 십 대에게 적합한 활동으로, 문제가 있는 상황에서 시작한 다음 감정에 대해 논의하고, 왜 그런지 이해하고, 감정을 수정, 수용 또는 관리하기 위한 옵션과 전략을 분석한다. 부모와의 싸움, 사랑하는 사람을 잃거나 개인적인 목표를 달성할 수 없는 상황 등일 수 있다.

그림으로 그려보는 시간 감정을 그림으로 그려보는 것은 학생들이 자신의 감정을 표현하고 정의하고 외부화할 수 있는 좋은 전략이다. 그리기는 우리가 느끼는 것을 고려하고 이야기하고 감정에 대해 더 많이 배우게 되는 훌륭한 전략이다.

모든 학생들의 감정이 나눠지기 위해서는 손을 들어 발표하는 방식은 재고해야 한다. 부정적인 감정이나 내향형의 학생들이 발표하기에 방법적으로 어려울 수 있다. 짧은 시간 안에 나눌 수 있도록 존중하는 분위기를 만들고, 그룹 내에서의 공유, 특별한 감정을 가진 학생의 공유 시간을 확보해야 한다.

2. 욕구가 표현될 수 있는 시간을 확보하자!

욕구를 잘 이해하면 자기도 모르는 내면의 상태와 모순적 행동을 이해할 수 있다. 교사는 단순히 전달을 목적으로 하는 수업을 하는 것이 아닌 함께 만들어가는 수업을 하려 한다. 이때 교사가 아이들의 마음을 이해하려면 아이들의 감정도 중요하지만 욕구도 파악할 수 있으면 좋다.

욕구와 감정은 밀접한 연관이 있다. 많은 교육 연구자들은 보통 학생에게 가장 근본적이고 즉각적인 영향을 줄 수 있는 수준으로 학급을 본다. 학급 수준에서 학생들의 사회적 경험을 살펴보는 것이 학급이 학생을 이끄는 방향성뿐 아니라 학급 속에서의 사회적 경험이 그들의 삶에 어떠한 영향을 미치는지 이해하는 데 도움을 얻을 수 있기 때문이다. 학급이 학업과 관련한 자료, 도전할 수 있는 기회, 정서적·인지적 지원을 많이 제공해야 함을 시사한다. 그러므로 수업에 이런 요소들이 녹아 있어야 한다.

성인처럼 아이들 역시 집단 속에서 자신이 무엇인가를 잘못 말하거나 다른 사람들이 자신의 무지를 알게 될 것을 걱정한다. 이러한 기본적인 감정과 욕구를 수용해 주고, 구성원들의 유사성을 강조하는 가운데 개인의 돋보이는 점을 인정하는 학급이라는 인식을 가질 수 있도록 수업 분위기를 형성하는 것이 중요하다. 선생님의 수업에 대한 인식이 학급 내 학생들의 삶을 형성하는 동기적 선택에 영향을 미칠 수 있음을 잊지 말아야 하겠다.

• 교실에서 욕구를 다루는 방법(욕구카드와 욕구표현노트 활용)

학생들이 자연스럽게 욕구를 표현할 수 있는 욕구카드나 욕구표현노트를 활용하면 효율적이다. 학생들에게 욕구카드를 통해 자신의 마음속 욕구를 표현하고 공감받을 수 있는 시간을 반드시 확보하자. 또한 자신의 욕구로 인한 감정의 변화를 기록으로 남겨놓을 경우 자기조절 능력까지 연결되어 학교 생활에 도움을 줄 수 있다.

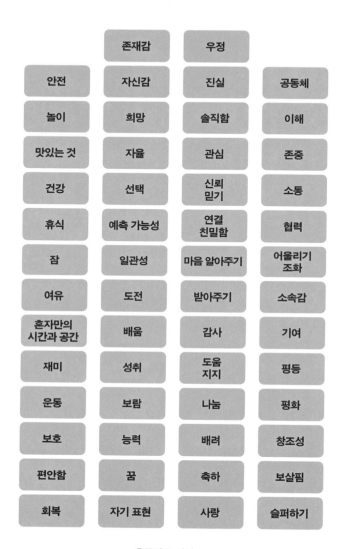

욕구카드 예시

3. 좋은 질문으로 관계의 무너진 곳을 세워주자!

수업 시간이 교사들에게 어려운 이유 중 하나는 관계를 맺으면서 수업을 해야 한다는 것이다. 태블릿 PC만 주고 알아서 수업을 하게 하는 수업일지라도 수업과 관계의 연결고리는 끊을 수 없다. 관계성 없는 수업은 거절을 이끈다. 관계성 없는 수업 규칙은 반항을 불러오고, 관계성 없는 수업에서의 훈육은 분노를 일으킨다.

• 수업에서 관계를 세우기 위한 방법
1 학생들끼리 갈등 상황이 발생할 경우 서로 사과하고 용서하는 방법이 반드시 연습되어야 한다.
2 '시간 = 사랑'이라는 공식을 기억하면서 교사와 학생 그리고 학생들끼리의 공동체 활동 시간을 수업 활동으로 확보해야 한다.
3 모둠 활동과 수업 활동에서 가장 기본이 되는 것은 잘 듣고 인정하는 연습이다.
4 잘못된 것을 따지는 습관보다는 행복해지기 위해 필요한 것을 늘 생각하게 해주는 분위기가 필요하다.

• 잘못된 수업 행동에 대한 4단계 질문법
1 잠깐만⋯ ○○야! 지금 뭐하고 있니?
2 어떻게 행동했어야 했니?
3 ○○는 그렇게 하고 있는 거니?
4 그럼 ○○는 언제(어떻게) 그렇게 행동하려고 해?

• 존경하지 않는 모습에 대한 4단계 질문법

1 잠시만… ○○는 지금 누구랑 대화하고 있는 거니?

2 선생님이랑 대화할 때는 어떻게 했어야 했을까?

3 ○○는 지금 그렇게 하고 있니?

4 그래, 그럼 선생님이랑 대화할 때 어떻게 하려고 하니?

상황	설명하기	질문하기
수업 시작 준비가 안 됨	수업 시작하기 전에 숙제와 책을 준비해야지.	수업 전에 뭘 준비해야 하지?
과제 미완성	정해진 시간에 과제를 다 하지 못하면, 쉬는 시간에 남아서 하고 가야 해.	수업이 끝나기 전 과제를 다 하려면 어떻게 해야 할까?
자리 정리	과제 치우렴. 책은 책꽂이에 꽂고, 교실에서 나가기 전에 청소해.	교실을 나가기 전 책상 정리와 교실 청소를 위해 도움이 필요하니?
수업 전 소란스러움	~처럼 조용히 할 수 없니?	수업 준비가 되었을 때 어떻게 앉아 있어야 하는지 보여줄 수 있는 사람?
불평	투덜대면서 불평하는 것 좀 그만해.	여러분이 말하는 것을 내가 잘 들을 수 있도록 이야기해 줄 사람?
문제 발생	알았어. 근데 이거 누가 그랬어?	이 문제를 어떻게 해결할 수 있을까?
수업 중 대화	떠들었으니까 레드카드야.	침묵 시간에 친구를 괴롭히면 어떻게 하기로 약속했었지?

긍정훈육법에서의 질문하기 방법

4. 건강한 울타리(학급 규칙) 만들기

각 학급에서 평안한 수업을 위해서는 학급 규칙이 먼저 마련되어야 한다. 학급 규칙은 학생들이 어떤 행동을 해야 하고, 어떤 행동을 하지 말아야 하는지를 명확하게 해준다. 이로 인해 학급 내에서의 혼란이 줄어들고, 학생들이 더욱 집중하여 학습할 수 있다.

학급은 한 명이 아닌 여러 명의 학생이 모여 있는 곳이다. 모든 학생이 동일한 규칙을 따르도록 함으로써 교사는 공정하게 대우할 수 있다. 이는 학생들 사이에 불공정한 대우를 받는다는 느낌을 줄이고, 학급 내에서의 긍정적인 분위기를 유지하는 데 도움이 될 수 있다. 또한 학급 규칙을 따르도록 함으로써 학생들은 자신의 행동에 대한 책임을 배울 수 있다. 이는 그들이 성장하면서 필요한 중요한 기술이기 때문에 별도의 훈련이 반드시 있어야 한다. 무엇보다 최근 안전에 관한 이슈가 커지고 있는데 안전을 보장하기 위해서도 규칙은 꼭 필요하다고 할 수 있다.

학급 규칙을 만들기 전에 다음 질문으로 학생들과 토론을 하면 규칙의 필요성에 대해 동기 부여가 될 수 있을 것이다.

- 여러분은 선생님이 어떻게 대해 주길 바랍니까?
- 교실 안에서 친구들이 어떻게 대해 주길 원하나요?
- 여러분의 선생님은 여러분이 어떻게 해주길 원할까요?
- 만약 우리 반에 갈등이 생기고, 친구들 중에 약속을 어기는 일이 생기면 어떻게 조절하는 게 좋을까요?

CHECK POINT

우리 반 수업 시간 분위기를 위해서 점검해 보아야 할 것으로 무엇이 있을지 돌아보는 시간을 가져보세요.

수업에서 감정과 욕구를 표현할 수 있도록 어떤 방법을 마련해야 할까요?

* _____
* _____
* _____

수업 규칙을 만들기 위한 대책은 무엇인가요?

* _____
* _____
* _____

수업 규칙을 지키지 않는 학생들에게 사용해야 할 질문 중 나에게 부족한 부분은 무엇인가요?

* _____
* _____
* _____

내일 당장 수업에 자신감이 생기는 수업의 법칙

한 번 알면 편해지는 수업 원리

Part 5
수업을 변화시키는
환경 만들기

22

사소한 무질서 바로잡기

깨진 유리창의 법칙 : 작은 것 하나가 전체를 무너뜨린다

고 선생님은 친절한 선생님이 되고 싶다. 그래서 학생들에게 사소한 잔소리는 최대한 하지 않는다. 꾸벅꾸벅 졸고 있어도 수업에 크게 방해되지 않으면 깨우지 않았고, 책상 위가 정돈이 안 된 채 수업을 들어도 정리하라고 말하지 않았다. 대신 자신이 수업을 열심히 하면 학생들이 환경과 관계없이 수업에 열심히 참여할 것이라고 믿었다. 그러나 고 선생님의 바람과 달리 수업에 집중하지 못하는 학생들이 점차 늘어갔다. 수업은 점점 어수선해지고 학생들의 수업 태도는 더욱 나빠졌다.

깨진 유리창 하나가 가져오는 결과

미국의 범죄심리학자 윌슨과 켈링(Wilson & Kelling)은 1982년 공동으로 발표한 글에서, 도시에 깨진 유리창이 하나 있으면 그곳을 중심으로 범죄가 확산된다는 '깨진 유리창의 법칙'을 발표했다. 유리가 깨져 있는 집은 그 집이 관리되지 않고 있다는 인상을 준다. 그러면 행인들은 그 건물을 함부로 다루며 나머지 유리창까지 깨뜨리게 된다. 그렇게 관리되지 않는 건물이 하나 있으면 그 건물 근처에는 쓰레기를 버려도 될 것이라고 생각하고, 쓰레기가 버려진 길을 다니는 사람들은 다른 규칙들도 쉽게 위반하게 된다. 결국 시간이 지날수록 큰 범죄까지 빈번하게 일어나게 된다.

깨진 유리창의 법칙을 범죄 예방에 이용한 사례로, 1994년 뉴욕 시장은 지하철 낙서를 지우고 경범죄를 강력하게 단속하면서 뉴욕시의 강력 범죄 발생률을 감소시켰다. 반대로 IT 기업이 밀집되어 있던 샌프란시스코는 코로나 이후 재택 근무가 확산되며 빈 사무실이 늘어났다. 그와 함께 950달러를 넘지 않는 절도와 단순 마약 소지를 경범죄로 취급하고, 3회 이상 범죄를 저질러야 구금한다는 내용을 발의했다. 그러자 마약과 강도 문제가 점점 늘어났다.

사소한 무질서가 더 큰 범죄를 초래한다는 깨진 유리창의 법칙처럼, 교실에서도 깨진 유리창과 같은 사례를 종종 겪을 수 있다.

책상 및 개인 물품 정리 부족

학생들의 책상은 보통 하루 동안, 때로는 어제 들은 수업 자료까지 책상에 올려져 있고, 책상 서랍은 구겨진 가정통신문과 각종 필기구가 어질러져 있다. 창틀에는 이전 수업 시간에 만든 작품과 쉬는 시간에 먹다 남은 간식들이 널브러져 있다. 학생들이 새로운 활동을 할 때마다 책상에서 필요한 자료를 찾느라 한참을 기다리고, 책상 배치를 바꾸려고 해도 공간이 어지럽다. 교사의 지시는 늘어나고 결국 학생들은 수업에 제대로 집중하지 못하게 된다. 이때 정돈 안 된 책상이 곧 깨진 유리창이라 할 수 있다.

비협조적인 학생

엎드려 잠을 자고 있는 학생 한 명을 방치하면 수업이 끝날 때쯤엔 훨씬 더 많은 학생들이 잠들어 있곤 한다. 특히 중고등학교에서는 처음에 한 명만 잠들어 있다가 시간이 지날수록 점차 엎드리는 학생들이 많아지는 경향이 있다. '선생님께서 깨우지 않으시네? 나도 피곤한데 잠깐 눈 좀 붙여야겠다.'와 같은 생각이 들도록 하는 것이다.

수업 자료의 정리 부족

학습 자료의 사소한 오타가 나비 효과를 일으키기도 한다. 전체적으로 어느 부분에 오류가 있는지 공지해도 학생들은 보통 귀담아듣지 않는다. 교사는 그 수업 내내 '학습 자료에 오류가 있음'을 반복해서 설명해 줘야 할 것이며, 끊임없는 질문에 시달릴 것이다. 또한 그 오류와 연계된 다른 개념을 설명할 때마다 더 구구절절 설명하게 되며, 결국 수업의 텐션이 떨어지고 학생들의 집중은 흐트러진다.

 **이렇게 적용해요!**

1. 학생들을 준비시키는 시작 루틴

종이 울리면 모두 자리에 앉는다는 간단한 규칙이 지켜지지 않는 교실이 있다. 어수선한 분위기 속에서 급하게 수업을 시작하게 되면 학습한 내용을 소화하지 못하게 될 확률이 높다. 그러니 수업을 시작하고 1분 정도는 책상을 정리하고 지금 시간의 교과서와 학습지를 준비한 후 자리에 앉는 시간을 가지면 어떨까? 마치 체육 활동 때 준비 체조를 하고 본격적인 활동에 들어가는 것처럼 말이다. 시작 루틴으로 삼을 만한 몇 가지 방법을 소개한다.

• 클린업 송!

교사가 앞쪽에 이상적인 수업 준비 자세 또는 책상 그림을 띄워둔 후, BGM이 끝날 때까지 학생들로 하여금 그림과 똑같이 준비를 마치도록 한다. 수업 준비를 하는 과정을 간단한 구호로 만들어서 수업을 시작하는 것도 좋다.

• 감정 체크인

감정 체크인은 자신의 현재 기분을 표시하고 서로 공유하는 활동이다. 감정의 종류를 화면에 보여주고 자신의 현재 감정을 선택하도록 한다. 그리고 모둠별로 자신의 감정을 나누고 이유를 공유한다. 감정 체크인의 가장 큰 기능은 사전에 학생들의 현재 기분을 파악할 수 있다는

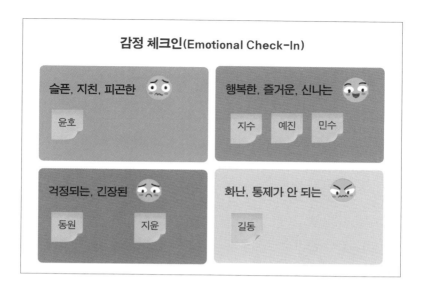

것이다. 그리고 자신의 감정을 친구들과 나누는 과정에서 부정적인 감정들은 일부 해소된다. 학생들이 지난 시간에 가지고 있던 감정들을 털어내고 새 마음으로 수업에 임하게 하기 위해 필요한 과정이다. 감정 체크인과 관련된 자료는 인터넷에 'mood scale idea' 등으로 검색하면 다양한 자료를 얻을 수 있다.

2. 학습지를 월별 및 주제별로 묶어 제공하기

"선생님, 저 학습지 잃어버렸어요."

수업만 들어가면 흔히 듣는 이야기다. 그러면 잃어버린 학습지를 찾아 주느라 시간을 허비하게 된다. 미처 학습지를 다시 주지 못한 경우, 학생이 학습지가 없는 대로 수업을 듣게 되고 그 학생은 수업 내내 집중을 못 하게 된다.

요즘은 학습 자료 대부분이 디지털화되어 제공되고 있지만, 혹시 아날로그 방식으로 학습 자료가 주어진다면 월별로 묶어 제공하는 것이 학생들의 자료 정리를 도울 수 있는 좋은 방법이다. 묶음으로 있을 경우 학생들은 학습 자료를 덜 잃어버리고, 자료가 순서대로 정리되어 있기 때문에 순서가 뒤죽박죽될 일도 없다. 이때 학생 한 명 한 명을 위해 꼭 교사가 모든 학습지를 일일이 바인딩해서 제공할 필요는 없다. 해당 월 또는 단원에서 사용되는 학습지를 교실 앞에 둔 후 학생들이 나와 학습지를 차례로 가져가 스테이플러로 바인딩하게 하면 학생들 스스로도 정리하는 법을 배울 수 있다.

3. 멀티 파일을 활용한 교실 환경 조성

• 과제 제출 공간 만들기

수업을 진행하다 보면 학생들의 결과물을 제출받을 때가 있다. 다양한 결과물들이 함께 엉키면 정리가 어렵고 교사 역시 수업 진행에 차질이 생긴다. 과제 제출 공간을 따로 마련해 두면 번호별로 정리하

느라 시간을 소비하지 않아도 되며 한눈에 누가 제출하지 않았는지 알아볼 수 있다.

• 책상 옆 행거 이용하기

어수선한 교실 정돈을 도와주는 한 가지 아이
템으로 책상 옆 행거가 있다. 책상 서랍과 달리
내용물이 한눈에 보이고, 사물함처럼 멀리 있지
않아서 학생들이 쉽게 자신의 물건과 자료를 정
리할 수 있다.

• 추가 학습지 공간 마련하기

학습지를 잃어버린 학생들에게 일일이 학습지를 다시 전해 주지 않
아도 되도록 교실 한편에 여분의 학습지 공간을 마련해 둘 수 있다. 온
라인에서의 학습지 공간도 좋다. 공유 드라이브를 활용해 학습지의
PDF 파일을 공유하면 모든 학생들이 학습지를 가진 채 수업을 시작할
수 있다.

CHECK POINT

우리 반 수업의 깨진 유리창에는 무엇이 있나요?

* 교실 환경 : _____

* 학습 자료 : _____

* 학 습 자 : _____

위에서 언급한 깨진 유리창을 방지하기 위한 방법으로 무엇이 있을까요?

* _____

* _____

* _____

* _____

* _____

* _____

23
반복 노출로
학습 내용을 친숙하게 만들기

에펠탑 효과 : 학습에 대한 친숙함과 호감도 높이기

에펠탑을 보면서 천박한 철골 구조물이라고 생각하는 사람이 과연 있을까? 처음 에펠탑의 건립 계획이 발표되었을 때, 고풍스러운 고딕 건물 사이에 우뚝 선 철골 구조물은 너무 천박하다고 여겨 많은 예술가와 시민들이 반대했다는 이야기를 듣고 큰 충격이 아닐 수 없었다. 에펠탑은 탁 트인 넓은 공원에 위치하여 어디서든 보였기 때문에 사람들이 점점 익숙해졌고 이것이 현재 이미지로의 큰 변화를 가져왔다고 한다.

수업 내용 중 좀처럼 외워지지 않아서 힘들어하는 학생들을 보거나, 하고 있는 수업 내용에 대한 지루함이나 반감이 있을 때 이를 자연스럽게 해결할 수 있는 방법은 없을까?

유튜브에서 여행사 광고가 중간중간 노출되는 것을 자주 목격하고 과연 이런 광고가 얼마나 효과가 있을까를 생각했던 적이 있다. 재미있게도 단순 광고의 노출이 여행사의 수익으로 연결되는 사례가 대단하다는 연구 결과를 확인하면서 수업과 교실 환경 가운데에서도 무언가 연결고리를 찾을 수 있을 것이라는 믿음을 갖게 되었다.

반복하여 보여주면서 호감도를 높이는 에펠탑 효과

첫눈에 반할 만한 이상형을 만났다고 가정해 보자. 버스 정류장에서 처음 보자마자 바로 말을 걸었을 때와 한 달 동안 매일 마주친 후 말을 걸었을 때, 언제가 더 이상형의 반응을 이끌어내기 쉬울까? 아마도 후 자일 것이며, 이는 친숙함 때문이다. 이러한 과정을 설명하는 것이 바로 '에펠탑 효과', 즉 '단순 노출 효과(mere exposure effect)'이다.

에펠탑 효과란 처음에는 비호감이었지만 자주 보게 되면서 점점 호 감으로 변하는 현상을 일컫는 심리학 용어다. 이 용어는 프랑스 파리의 상징인 에펠탑의 건립 과정과 관련이 있다. 1889년 3월 31일, 프랑스 는 프랑스대혁명 100주년을 기념하기 위한 철탑을 파리 중심에 건립하 고자 했다. 그러나 프랑스 시민들은 파리 시내에 흉물스러운 철탑이 들 어선다며 반발했다. 하지만 에펠탑이 완공되어가는 모습을 보면서 시민 들의 생각은 점차 달라졌다. 매일 에펠탑의 공사 과정을 지켜보면서 에 펠탑이 눈에 익숙해졌고, 완공 시에는 매력적으로까지 보였다. 이에 처 음에는 비호감이었다가 자주 보게 되면서 점차 호감으로 변하는 현상 을 에펠탑 효과라고 하게 되었다.

에펠탑 효과는 폴란드 출신의 미국 사회심리학자인 로버트 자이언스 (Robert Zajonc)의 연구에 의해 증명되었다. 자이언스는 대학생들에게

12장의 얼굴 사진을 무작위로 여러 번 보여주고 얼마나 호감을 느끼는지를 측정했다. 그는 사진을 보여주는 횟수를 0회, 1회, 2회, 5회, 10회, 25회 등 6가지 조건으로 나누고 호감도를 분석했는데, 사진을 보여주는 횟수가 증가함에 따라 호감도도 증가하는 것으로 나타났다. 즉 전혀 모르는 사람의 사진도 자꾸 반복해서 보게 되면 친근감이 생겨 호감을 느끼게 된다는 결과가 도출된 것이다.

에펠탑 효과는 특히 광고 분야에 많이 활용되고 있다. 제품을 소비자에게 계속 보여줌으로써 브랜드의 인지도와 호감도를 높인다. 제품의 특성을 설명하기보다는 반복 노출을 통해 친근감을 형성해 익숙한 브랜드를 구매하게 만드는 것이다. 광고를 기억할 때 사람들이 제품의 성능이나 특징보다는 노래나 멘트를 기억하는 경우가 많은 것은 에펠탑 효과를 뒷받침하는 경험적 근거이다.

ABC 이렇게 적용해요!

에펠탑 효과를 교실 안에서 적용할 때 중요한 원칙으로는 무엇이 있을까? 크게 두 가지 영역에서 적용이 가능한데, 그중 한 가지는 익숙하지 않은 개념을 가르쳐야 할 때 친숙해지도록 지속적으로 노출시키는 방법이고, 또 다른 방법은 일상생활에서 학습 내용을 계속하여 접할 수 있도록 공간을 구성하는 것이다.

• 학습자 행동을 중심으로 가르쳐야 할 것들을 계속 게시해 놓는 것

 : 한글표, 알파벳표, 구구단표, 원소주기율표, 한자, 음표 등

교실 벽에 알파벳을 노출시켜놓은 그림

• 익숙하지 않은 정보를 습관화가 될 때까지 가르쳐야 할 때

 : 코로나19 방역 수칙 게시, 우측통행, 고운 말 쓰기, 수업 시간에
 핸드폰 사용 금지 등

질문을 두려워하지 말자는 캠페인

- 가르치고자 하는 내용을 친숙하게 여기도록 해야 할 때

  : 생활습관 5계명

계단을 오르는 동안 무의식적으로 의미를 받아들이게 하는 방법

에펠탑 효과를 활용한 교실 환경 구성 방법

6가지 이하의 색 사용
(너무 많은 색상은
뇌의 인지 능력 압박)

**항상 게시해야 할
중요한 가치/주제는
또렷하고 큰 글씨체로**

**배경색은
자극적이지 않은 색**
(긴장감 덜고 안정된 느낌)

**정면 벽은 집중력
증진을 위해
칠판과 대비되게**
(칠판 : 화이트, 벽 : 밝은 파랑)

**세부 사항 강조시
빨간색으로 게시**
(빨간색은 세부 사항에 대한
주의력 향상)

**게시판 등 공간 활용
반복 노출로 친숙함 형성**

**행복감, 창의성 관련은
노란색으로게시**
(소량으로도 이상적 영향)

**의사소통 필요시
파란색으로 게시**
(높은 수준의 사고, 창의적,
의사소통 향상)

**간결하되
의미가 직접적으로
드러나게
(명확한 표현)**

**안정성, 침착성이
필요할 때는 초록색**
(낮은 파장)

**명상적 영역은
보라색으로 게시**
(브레이크 아웃 공간, 편안한
방식으로 노출해야 할 때)

**에너지와 자극을
강화해야 할 때는
주황색으로 게시**

☀ 생각해 보기

에펠탑 효과는 반복 접촉으로 친숙성이 높아진 대상에 대해 인지적 편안함을 느끼고, 편안한 느낌에 대해 그 대상이 장점이 많다고 오귀인(Misattribution) 하게 되어 호감을 갖게 된다는 이론이다. 따라서 경계심이 있는 노출 초기 상황에서 오귀인을 자각하게 되면 오히려 과조정에 의한 역효과가 일어난다. 반복적 경험을 할 때마다 더더욱 부정적 평가를 하게 되는 것이다.

에펠탑은 잘 보이는 자리에 서 있는 단순 노출 효과로만 호감을 이끌어내지는 않았다. 통신 시설물로 쓰임을 인정받았고, 연인들의 사랑의 이미지를 부각시키기 위한 배경으로 영화 속에서 많이 그려진 점도 눈여겨보아야 한다. 이처럼 단순 노출에 '쓰임'과 '의미 부여'로 긍정적 귀인을 도출할 수 있도록 해야 한다.

KEY POINT 📖

① 익숙하지 않은 내용을 가르쳐야 할 때는 교실 벽에 노출을 시켜보자.
② 친숙함이 주는 학습 효과를 적극 활용하자.
③ 교실 환경 가운데 색상이 주는 효과를 활용해 보자.

CHECK POINT ✑

현재 내가 가르치고 있는 수업에서 에펠탑 효과를 적용할 수 있는
요소에 어떤 것들이 있는지 점검하는 시간을 가져보세요.

이미 사용하고 있는 에펠탑 효과는 무엇인가요?

* _____
* _____
* _____

앞으로 사용해야 하면 좋겠다고 느껴지는 에펠탑 효과는 무
엇인가요?

* _____
* _____
* _____

24

부정적 행동을
긍정적 행동으로 유도하기

라벨링 효과 : 칠칠이를 꼼꼼이로 변화시키기

손 선생님 반에는 매번 물건을 잃어버리는 학생이 있었다. 손 선생님은 학습지 검사를 하며 그 학생에게 "우리 칠칠이는 오늘 학습지 안 까먹고 가지고 왔니?" 하고 물었다. 그 학생은 일 년 내내 학습지를 제대로 가지고 온 적이 없었다.

한 선생님 반에도 덜렁거리는 학생이 있었다. 그런데 그 학생이 깜박할 때마다 한 선생님은 "우리 꼼꼼이가 오늘 매우 바빴나 보구나."라고 말했다. 그 학생은 점점 덜렁거리는 일이 줄어들었고, 일 년이 지나자 반에서 제일 꼼꼼한 학생이 되었다.

전체적인 인상을 결정짓는 라벨링 효과

'라벨링 효과'는 미국의 사회학자 하워드 S. 베커(Howard S. Becker)

에 의해서 개발되었다. 이는 다른 사람들에 의해 붙여진 라벨이나 범주로 인해 자기 인식과 행동의 경향이 달라지는 현상을 의미한다. '범죄자'라는 낙인이 찍힌 전과자가 다시 범죄를 저지를 가능성이 높은 것도 같은 맥락이다.

　한 사람이 라벨링을 통해 그 라벨을 내재화하는 과정은 다음과 같다. 관찰된 행동에 대해 라벨이 붙여지고, 그에 따라 행동이 강화되어 라벨도 함께 강화된다. 그러면 라벨과 다른 행동을 해도 쉽게 받아들여지지 않고, 결국 라벨에 어울리는 행동을 내재화하고 라벨은 고착화된다.

| 행동이 관찰됨 | 행동에 라벨이 붙여짐 | 행동이 강화됨 | 라벨도 강화됨 | 행동이 내재화됨 | 라벨이 고착화됨 |

　라벨링 효과는 브랜드 마케팅과 광고에서 흔히 볼 수 있다. 예를 들어 나이키의 "Just Do It"이라는 슬로건은 도전과 용기를 강조하여 소비자들이 나이키라는 브랜드 자체를 이러한 가치와 연관시키도록 유도했다. 이는 소비자의 구매를 촉진하였고 나이키만의 브랜드 이미지를 형성하는 데 큰 역할을 했다. 숙박 공유 플랫폼인 에어비앤비도 지속적으로 개인적이고 로컬한 경험을 제공한다는 이미지를 구축해 나갔고, 파타고니아는 환경 보호와 지속 가능성을 강조하며 '지구를 지키는 브랜드'로 라벨링되고 있다.

　그렇다면 교육 현장에서 라벨링은 어떻게 나타날까? 교사는 학생의 태도, 성적, 성별 등에 따라 은연중에 수없이 라벨링을 한다. '모범생'이나 '사고뭉치'와 같은 별명일 수도 있고, 모둠 활동 시 반복해서 주어지는 역할일 수도 있다.

학생들에게 붙은 별명, 즉 라벨링은 학생들의 자아 정체성과 자신감에 큰 영향을 미친다. 매번 '칠칠이'라고 불리는 학생은 평소에 어떤 생각을 할까? 나는 어차피 물건을 잘 잃어버리니까 굳이 안 챙겨도 된다고 생각하지는 않을까? 특히 '말썽쟁이'나 '거북이'와 같은 별명은 학생들이 가지고 있는 자신에 대한 믿음을 훼손시키고, 저조한 수업 참여나 수업 방해 행동으로 이어질 수도 있다.

교사가 학생에 대해 부정적인 라벨을 붙이면 이러한 부정적 인식은 다른 학생들에게도 쉽게 전파되어 고정관념과 편견을 심어준다. 결과적으로 부정적인 별명으로 불리는 학생들은 친구들로부터도 배제되고, 같은 조가 되고 싶지 않은 학생으로 낙인찍히게 된다.

교사가 학생에게 어떤 생각을 가지고 있는지에 따라, 학생이 자기 자신에 대해 어떻게 생각하는지에 따라, 그리고 어떤 라벨링이 붙여졌는지에 따라 교육 상황은 달라질 수 있다. 학생들은 학교 현장에서 주로 '성적'으로 라벨링되지만, 각자가 지닌 재능과 능력은 다양하다. 학생들이 다양한 분야에서 각자가 가진 재능을 한껏 꽃피울 수 있도록 성적 이외의 영역에서도 적절한 라벨링이 필요하다.

ABC 이렇게 적용해요!

1. 수업 배지 활용하기

수업 배지는 학생들이 특정 영역에서 성취를 이루었을 때 수여되는 상징적인 아이템으로 활용될 수 있다. 예를 들어 영화 〈업〉에는 주인공 남자아이가 자신의 스카우트 배지를 자랑하는 장면이 나온다.

수업 중 칭찬할 일이 있을 때 도장을 찍어주는 전략을 쓰는 교사들이 많은데, 이것을 살짝만 발전시켜서 수업 배지를 증정하면 어떨까? 그룹 리더 배지, 창의성 배지, 협력 배지 등 활용 범위는 매우 많다.

수업 배지는 학생들에게 긍정적인 경험과 동기 부여를 제공할 뿐만 아니라 자기 자신과 서로에 대해 긍정적인 라벨링을 붙이도록 돕는 유용한 수단이다.

2. 첫 만남에서 제대로 된 라벨링을!

'라벨링 효과'가 가장 강력하게 발휘되는 순간은 바로 첫 만남이다. 첫인상은 쉽게 변하지 않는다. 수업 첫날, 첫인상 아이스 브레이킹 활동을 통해 학생들끼리 긍정적인 별명을 공유하고, 이를 활용해 서로를 이해하고 소통하는 기회를 만들 수 있다. 각자 좋아하는 것을 한 가지씩 선택하여 자신을 소개할 수 있는 시간을 가져보자.

• 좋아하는 색깔이 같은 친구들끼리 모여!

1 각자가 좋아하는 색깔을 선택한다.

2 좋아하는 색깔이 겹치는 사람들끼리 한 조에 모인다.

3 조별로 각 색깔로 연상되는 것들을 활용해서 서로에게 어울리는 별명을 만든다. 예를 들어 파란색 조는 '맑은 하늘' 또는 '신뢰할 수 있는 파도'와 같은 별명을 만들 수 있다.

4 조별로 별명을 발표한다. 이때 자신의 별명을 자신이 설명하는 것이 아니라 옆에 앉은 친구가 대신 설명해 주도록 한다.

3. 긍정 확언 일지 쓰기와 칭찬 활동

긍정 확언은 삶의 자세를 긍정적으로 변화시키는 힘 있는 문구이다. 첫 수업에서 교과서 표지에 한 가지 메모를 써놓고 낭송한 후 수업을 시작할 수도 있고, 학생들로 하여금 긍정 확언 수업 일지를 쓰게 하는 것도 좋다. 또한 가벼운 칭찬 활동을 통해 학생들의 자존감과 긍정 마인드를 높여줄 수도 있다.

긍정 확언 일지

날짜: 2023. 12. 1. (금)

1. 감사한 것: 화창한 날씨
2. 오늘 수업에서 기대하는 모습:
   손들고 발표해서 선생님께 칭찬을 듣는다
   친구들과 협력해서 즐겁게 참여한다
3. 나를 위한 한마디: 오늘도 잘해보자!

- 토닥토닥 칭찬의 손길

1 조별로 학생 한 명이 눈을 감고 가운데에 엎드린다.

2 친구의 장점을 하나씩 말하며 등 위에 손을 얹는다

3 모두의 차례가 끝나면 등을 토닥토닥 두드려주며 "○○야, 사랑해!"라고 함께 외친다.

4 다른 학생이 가운데에 엎드리고 같은 방식으로 반복한다.

4. 아이를 변화시키는 라벨링 붙이기

- 매일 떠드는 학생

매일 친구와 잡담을 나누는 학생이 있다면, 그 학생이 수업과 관련된 이야기를 중심적으로 할 수 있도록 '발표 마스터'라는 별명을 붙여 줘보자.

- 교실을 자주 돌아다니는 학생

교실을 자주 돌아다니는 학생에게는 학습 준비물을 배부하게 하거나 학습지를 걷어오게 하는 등 '수업 조수'라는 새로운 별명과 함께 수업과 관련될 때만 일어나도록 지도해 보자.

- 수줍음이 많은 학생

수줍음이 많고 발표를 어려워하는 학생들은 수업 상황에서 종종 어려움을 겪는다. 이 학생들은 적극적이지 못한 자기 자신에 대한 부정적인 인식이 심어질 수 있다. 발표를 하지 않는다고 타박하기보다 '굿 리스너'라는 라벨을 붙여주면 다른 학생들도 이 학생의 장점이 '듣는 것'임을 깨달을 수 있다.

✏️ 생각해 보기

학생의 실제 성격이나 성향과 대비되는 별명을 붙일 경우 오히려 학생이 받아들이기 쉽지 않을 수 있다. 또 성장하는 과정에 있는 학생의 변화에 따라 라벨링도 조절되어야 한다. 라벨링 효과는 학생들의 자기 인식에 큰 영향을 미치므로 어떤 종류의 라벨링이든 고착화되는 것은 조심해야 한다. 긍정적인 라벨링일지라도 학생이 부담을 느낄 정도로 강화된다면 오히려 학생에게 큰 스트레스를 줄 수 있다.

CHECK POINT

학생들에게 적절한 라벨을 부여하고 있는지, 보완하거나 수정할 부분은 없는지 생각해 보세요.

학생에게 부여한 라벨이 있나요?

* ---------------------------------------

학생들에게 부여한 라벨이 긍정적이고 격려적인가요?

* ---------------------------------------

라벨이 각 학생의 강점과 긍정적인 특성을 강조하고 있나요?

* ---------------------------------------

부정적인 라벨이나 편견을 피하고 있나요?

* ---------------------------------------

필요한 경우 라벨을 조정하거나 수정하고 있나요?

* ---------------------------------------

25

긍정 마인드와
자신감 심어주기

플라시보 효과 : 생각하는 대로 이루어지는 마법

많은 사람들은 자기 자신은 물론 주변 사람들에게 긍정적으로 생각하고 행동하기를 은연중에 기대한다. 교실이라는 곳은 특히 더한 곳이다. 수업 시간에 부정적인 언행을 일삼는 학생과 하루 종일 같이 있으면 괜히 주변 학생들과 교사도 우울해지면서 부정적인 생각들이 머릿속을 가득 채우는 것 같다.

"좋은 생각만 하고, 예쁜 말만 쓰자."

"네 꿈은 이뤄질 거야."

"너는 왜 이렇게 매사에 부정적이니?"

똑같은 상황에서도 부정적인 생각이나 의구심을 품는 학생들이 있는가 하면, 긍정적인 측면에서 생각하고 기꺼이 신뢰하고자 하는 학생들도 있다. 그렇다면 우리의 생각과 믿음이 실제로 우리의 신체와 행동 그리고 교실 수업에까지 영향을 줄 수 있을까?

플라시보와 노시보 효과의 진실

위약(僞藥) 효과로 번역되는 '플라시보 효과'는 약효가 없는 거짓 약을 진짜 약이라 속여 환자에게 복용케 했을 때 환자의 병세가 호전되는 효과를 말한다. '마음에 들도록 한다'는 뜻의 라틴어 '플라체보(placebo)'의 영어 발음이다.

그 반대로 진짜 약을 줘도 환자가 효과가 없다고 생각하면 약효가 나타나지 않는 것을 '노시보 효과'라 한다. 이는 '해를 끼치게 한다'는 라틴어 '노체보(nocebo)'의 영어 발음을 딴 것이다.

플라시보 효과와 노시보 효과가 뇌에서 어떻게 이뤄지는지는 과학저널 사이언스를 통해 보도되었다. 《신경과학저널(The Journal of Neuroscience)》에 해당 논문을 발표한 호주 시드니대와 멜버른대 연구진의 공동 연구 결과에 따르면, 연구진은 27명의 참가자들을 대상으로 적당히 고통스러운 온도까지 가열되는 보온대를 그들의 팔에 묶은 뒤 3가지 종류의 크림을 차례로 그들의 팔에 발랐다. 각각 고통을 덜어주는 통증 완화제, 고통을 가중시키는 통증 유도제 그리고 아무런 효과가 없는 크림이라고 말해 줬지만 실제로는 3가지 물질 모두 동일한 석유 젤리였다. 연구진은 이후 지원자들의 뇌를 고해상의 기능성자기공명영상(fMRI)으로 스캔했다. 대부분의 시험 대상자들은 플라시보 효과 내지 노시보 효과를 보였다. 그중 약 3분의 1은 '통증 완화제'를 발랐다고 했을 때 통증이 경감했다고 말했다. 또 절반 이상은 '통증 유도제'를 적용했을 때 통증이 더 심하다고 했다. fMRI 결과는 이러한 반응을 반영했다. 플라시보 효과와 노시보 효과 모두 뇌줄기(좌우 대뇌반구와 소뇌를 제외한 뇌의 가운데 부위로 뇌와 척수를 이어주는 줄기 역할을 함)의 활동에 영향을 미친 것으로 드러났다. 플라시보 효과는 통증 정보를 전달하는 뇌줄기의 입쪽배안쪽숨뇌(RVM)라는 부위의 활동을 증가시키고, 뇌의 중심부에 있으며 통증 억제에 도움을 주는 수도관주위회백질(PAG) 부위에서 활동성을 감소시켰다. 노시보 효과는 정반대의 변화를 유도했다. 미국 다트머스대의 신경과학자인 토르 웨거(Tor Wager) 박사는 "이번 연구는 초고해상도로 이루어졌기에 통증 조절에 핵심적인 역할을 하는 뇌줄기를 식별하는 데 훨씬 효과적이었다"면서 "플라시보 효과와 노시보 효과에 반응하는 뇌의 활동을 보여주는 지금까지 연구 중에서 가장 상세하게 밝혀냈다"고 평가했다.

학교 현장에서도 비슷한 실험이 있었다. 1968년 하버드 대학교 사회심리학과 교수인 로버트 로젠탈(Robert Rosenthal)과 미국에서 20년 이상 초등학교 교장을 지낸 레노어 제이콥슨(Lenore Jacobson)은 미국 샌프란시스코의 한 초등학교에서 전교생을 대상으로 지능검사를 한 후 검사 결과와 상관없이 무작위로 한 반에서 20% 정도의 학생을 뽑았고 그 학생들의 명단을 교사에게 주면서 '지적 능력이나 학업성취 향상 가능성이 높은 학생들'이라고 믿게 하였다. 8개월 후 이전과 같은 지능검사를 다시 실시하였는데, 그 결과 명단에 속한 학생들은 다른 학생들보다 평균 점수가 높게 나왔다. 뿐만 아니라 학교 성적도 크게 향상되었다고 한다. 명단에 오른 학생들에 대한 교사의 기대와 격려가 중요한 요인이었다. 이 연구 결과는 교사가 학생에게 거는 기대가 실제로 학생의 성적 향상에 효과를 미친다는 것을 입증하고 있다.

ABC 이렇게 적용해요!

1. 말 한마디로 학생의 성장을 돕는다

교사와 학생의 라포 형성이 잘 이루어지면 학습 결과가 긍정적으로 나타난다. 따라서 전체 학생을 대상으로 수업이 진행되지만 1대 1의 관계 형성을 위해 최대한 이름을 많이 불러주고 개인적인 관계를 유지하는 것이 필요하다. 교실에서 학생에 대한 교사의 기대는 학생의 성취에 큰 영향을 미친다. 교사가 학생을 어떤 방식으로 대하는가에 따라 학생은 크게 성장하기도 하고 퇴보하기도 한다. "말로 때린 상처가 더 아프다."라는 말이 있듯이, 교사의 잘못된 말 한마디는 학생에게 큰 상처를 줄 수 있다. 어떠한 경우라도 교사는 학생들에게 부정적인 언행을 삼가야 한다. 교사는 학생의 성공과 실패를 결정하는 연금술사와 같은 존재다. 교사의 기대에 학생은 자기암시로 반응한다. 교사의 기대에 따라 학생은 큰 그릇도 되고 작은 그릇도 된다.

2. 성공 경험을 줄 수 있는 수업 만들기

학업성취는 최소한의 성취감을 경험했던 학생들에게 또 다른 도전을 하게 할 수 있다. 이러한 학업성취를 이룬 경험이 있는 학생일수록 긍정적인 학습 결과가 나타나기 때문에 학기 초 성공 경험을 줄 수 있는 수업 내용과 프로그램을 기획하는 것이 필요하다.

3. 저학년일수록 긍정 효과가 더 크다

초등학교 저학년처럼 학년이 낮을수록 새로운 경험을 긍정적으로 받아들이는 효과가 크다. 따라서 저학년 학생들에게는 긍정의 언어로 자신감과 연결시킬 수 있도록 노력해야 한다.

4. 참여 학습으로 개별 성과에 대한 격려 유도

학생들의 능력과 노력을 인정받을 기회를 제공해서 자신감을 향상시키려면 소수만 인정받을 수 있는 일제식 수업 패턴을 내려놓고 학생 참여형 수업을 진행할 필요가 있다. 참여 학습을 통해 학생들 간의 인정도 받게 하게 하고, 각자의 개별 책무성을 주어서 그 성과에 대한 격려가 있도록 유도할 필요가 있다.

5. 지속적인 안정과 격려를 해주는 교실

학생들이 능력을 개선하고 각자의 목표를 달성하기 위해 노력하는 것을 지속적으로 인정하고 격려하는 교실 공간을 만들어주는 것이 필요하다. 이를 통해 학생들이 긍정적인 자기 효능감을 가질 수 있도록 분위기를 형성해야 한다.

생각해 보기

플라시보는 우리에게 필요한 약을 만드는 데 중요한 역할을 하는 것은 맞지만 실제로 치료 목적을 위해 사용해서는 안 되는 것이다. 위약은 말 그대로 '가짜'이기 때문이다. 질병은 '진짜' 효과가 있는 약으로 치료해야지 '가짜' 약으로 심리적인 효과를 통해 치료되는 것처럼 착각하게 하면 안 된다는 것이다. 그런데 우리가 살아가면서 문제를 만났을 때 실제적이고 근본적인 치료가 되는 문제 해결 대신, 심리적인 안정으로 문제가 해결되는 것과 같은 착각을 통해 '위기 모면'으로 그 문제를 넘기는 경우가 많다. 그렇게 해서 문제가 다시 생기지 않으면 다행이지만 많은 경우 더 큰 문제가 되어 수면 위로 떠오르게 된다. 따라서 수업 중에 생기는 문제 역시 본질을 다뤄서 고치려 해야 할 것이다.

KEY POINT

① 학생들과 1대 1 라포 형성으로 긍정적 관계를 형성하자.
② 학생들 개개인을 위한 성취감 달성 노트를 만들어보자.
③ 학기 초 성공 경험을 체험할 수 있는 수업 계획을 세워보자.

CHECK POINT

현재 내가 가르치고 있는 수업에서 학생들이 자신감과 자기 효능감을 가질 수 있도록 하는 요소에 어떤 것들이 있는지 점검하는 시간을 가져보세요.

교실에서 이미 사용하고 있는 플라시보 효과가 있나요?

* _____
* _____
 * _____

앞으로 사용하면 좋겠다고 느껴지는 플라시보 효과는 무엇인가요?

* _____
* _____
* _____

26
산만한 교실 환경 정돈하기

아이젠하워 매트릭스 : 우왕좌왕하지 않는 효율적인 시간 관리

수업 시간에는 교사도 할 일이 많지만 학생들도 할 일이 아주 많다. 쏟아지는 일들을 우선순위대로 척척 처리해 내는 학생이 있는가 하면, 여러 가지 과제 속에서 허우적대며 이도 저도 못 하는 학생도 있다.

김 선생님은 오늘도 숙제를 걷느라 고군분투 중이다. 분명히 영어 일기 숙제를 오늘 걷는다고 여러 번 말했는데, 다음 주까지 제출하면 되는 미술 과제를 하느라 못 했다는 학생들이 여럿이다. 그뿐만이 아니다. 정신없는 와중에 물을 떠오겠다는 학생이 있어 꼭 지금 물을 마셔야겠는지 묻자, 학생은 지금 목이 너무 말라서 도저히 수업을 들을 수 없다고 여러 번 되묻는 바람에 학생을 보내주었다. 그러자 너도나도 손을 들어 다양한 요구를 한다. 결국 가장 중요한 숙제 검사와 수업은 뒷전이 되어 버렸다. 어떻게 하면 하고 싶은 일이 너무 많은 학생들을 데리고 체계적인 수업을 진행할 수 있을까?

일 처리를 도와주는 아이젠하워 매트릭스

미국 34대 대통령인 아이젠하워는 제2차 세계대전 때 연합군 최고 사령관이기도 하였으며 NATO의 첫 번째 최고 사령관이기도 했다. 막중한 책임을 지는 위치에 있었던 그는 매일매일 수많은 일에서 어려운 결정을 내려야 했다. 이를 해결하기 위해 한 가지 효과적인 시간 관리 전략을 고안해 냈는데, 이를 그의 이름을 따서 '아이젠하워 매트릭스'라고 부르기 시작했다. 아이젠하워 매트릭스는 할 일을 긴급도와 중요도에 따라 다음 4가지로 분류했다.

1. 긴급하고 중요한 일 : 당장 하라!

가능한 한 빨리 끝내야 하는 중요한 일이다. 긴급하면서 동시에 중요한 일은 가장 먼저 처리해야 할 우선순위가 된다. 예를 들어, 오늘까지 마감해야 하는 서술형 평가 채점이나 오늘 벌어진 학생 문제행동에 관한 학부모 상담이 이에 해당할 수 있다.

2. 긴급하지 않지만 중요한 일 : 계획을 세워라!

중요한 일이지만 마감 기한이 코앞에 닥치지는 않아 시간적 여유가 있는 일이다. 그러나 여유가 있다고 해서 넋을 놓고 있으면 이는 곧 긴급하고 중요한 일이 되어 서두르게 된다. 그러므로 이에 해당하는 일은 미리 계획을 세워둬야 한다. 기한이 한참 남은 보고서 제출이나 학생과 라포를 형성하는 것 등이 긴급하진 않아도 중요한 일이 될 수 있다.

3. 긴급하지만 중요하지 않은 일 : 다른 사람에게 넘겨라!

얼른 해야 하지만 크게 중요하지 않은 일들도 있다. 이 경우에는 긴급하고 중요한 일을 먼저 해결해야 하기 때문에 가능하면 다른 사람에게 넘기거나 다른 방법으로 대체하는 것도 좋다. 예를 들어 수업 자료를 대량 인쇄하는 일이나 학교 비품을 구매하는 일 등은 담당 선생님께 부탁드릴 수 있다.

4. 긴급하지도 중요하지도 않은 일 : 제거하라!

긴급하지도 중요하지도 않은 일은 사실 꼭 하지 않아도 되는 일로 시간을 잡아먹고 다른 중요한 일들을 해내는 것을 방해한다. 그러므로 이러한 일들은 할 일 리스트에서 제거해야 한다. 다른 사람들의 가십 이야기를 듣거나 밀린 SNS 알림을 확인하는 것 등이 이에 해당한다.

아이젠하워 매트릭스를 바탕으로 업무를 처리하는 방법은 다음과 같다.

1 해야 하는 모든 일을 종이에 적는다.
2 각 일의 중요도와 긴급도를 결정한다.
3 중요도와 긴급도에 따라 할 일을 4분면에 분류한다.
4 4분면의 요구에 따라 업무를 하거나, 계획을 세우고, 다른 사람에게 넘기고, 제거한다.

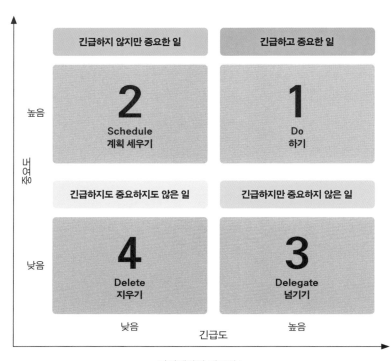

아이젠하워 매트릭스

체계적인 교실 환경 만들기

교사 입장에서는 학생들이 왜 지금 당장 해야 하는 일이 아닌 다른
일에 에너지를 쏟고 있는지 이해가 안 될 수 있다. 열 번 넘게 공지하고
칠판에도 적어놓은 일들을 학생들은 매번 깜박한다. 그러나 다음 사진
을 보면 학생들이 얼마나 많은 할 일 목록을 가지고 있는지 이해할 수
있을 것이다.

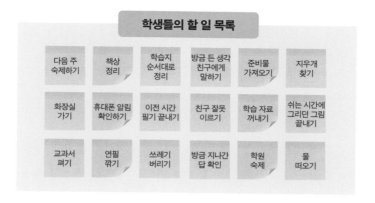

학생들은 어떤 것이 중요한 일이고 무엇부터 먼저 해야 하는지 제대로 알지 못한 채 무작정 떠오르는 일부터 실행에 옮기곤 한다. 학생들과 함께 아이젠하워의 매트릭스에 따라 할 일을 정리한다면 학생들도 우선순위를 한눈에 파악할 수 있을 것이다.

수업 상황에서 '중요한' 일은 무엇이며 '긴급한' 일은 무엇일까? 수업에서 가장 우선시 되는 것은 '학습 목표 달성'이다. 이를 기준으로 다음과 같은 질문을 던져 할 일의 중요도와 긴급도를 가려보자.

중요한 일을 확인하는 질문

- 학습 목표를 달성하기 위해 필요한 활동인가?
- 수업 내용과 직접적으로 관련 있는 활동인가?

긴급한 일을 확인하는 질문

- 당장 해결하지 않으면 수업을 진행할 수 없는가?
- 지금이 아니면 할 수 없는 일인가?
- 마감 기한이 임박하였는가?

이 분류에 따르면, '화장실 가기'는 당장 해결하지 않으면 수업에 집중하는 데 방해가 되지만 학습 목표를 달성하기 위해 필요한 행동은 아니다. 따라서 중요하지 않지만 긴급한 일에 해당한다고 볼 수 있다. 반면에 '방금 지나간 답 확인'은 학습 목표를 달성하기 위해서 필요하기도 하며 수업 내용과 직접적으로 관련 있다. 그러나 긴급한 일인지에 대해서는 의견이 갈릴 수 있는데, 이는 학생들과 함께 교사의 수업 방식에 따라 결정될 수 있다. 문제의 답이 바로 이어지는 활동에 영향을 미친다면 지금 해결해야 하는 일이 되겠지만, 그렇지 않은 경우에는 긴급도가 낮아질 수 있다. 수업 스타일에 따라 살짝 달라질 수 있으나, 앞의 할 일 목록을 분류하면 다음과 같다.

1. 하기

아이젠하워 매트릭스가 완성되면, 교사는 학생들이 '하기'에 해당하는 일부터 하도록 돕는다. 수업을 시작하기 전에 학생들이 꼭 해야 할 일을 크게 외치고 시작하고, 체크리스트를 크게 써두도록 한다.

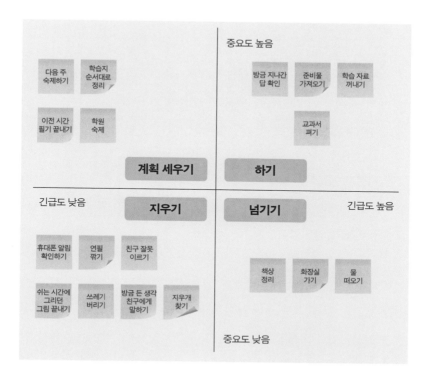

중요도 높음

다음 주 숙제하기　학습지 순서대로 정리

이전 시간 필기 끝내기　학원 숙제

계획 세우기　**하기**

방금 지나간 답 확인　준비물 가져오기　학습 자료 꺼내기

교과서 펴기

긴급도 낮음　**지우기**　**넘기기**　긴급도 높음

휴대폰 알림 확인하기　연필 깎기　친구 잘못 이르기

쉬는 시간에 그리던 그림 끝내기　쓰레기 버리기　방금 든 생각 친구에게 말하기　지우개 찾기

책상 정리　화장실 가기　물 떠오기

중요도 낮음

2. 넘기기 : 대체 방안 제시하기

'넘기기'에 해당하는 일들은 대체할 수 있는 방안을 제시하거나 할 수 있는 시간을 지정해 준다. 예를 들어 '화장실 가기'와 '물 떠오기'에 해당하는 일이 생기는 것을 예방하려면 쉬는 시간에 미리 화장실을 다녀오고 물을 채워놓으면 된다. 혹시 못 했을 경우에는 친구의 물을 빌려 마시거나, 수업 중 잠시 여유가 생겼을 때 화장실에 다녀오는 등 대체할

수 있는 방안을 제시해 주는 것이 좋다.

3. 계획 세우기 : 중단시키고 쉬는 시간에!

'계획 세우기'에 해당하는 일은 수업 중에는 중단하도록 하고, 쉬는 시간을 이용해서 언제 해야 할지 계획을 짜도록 한다.

4. 지우기 : 중단시키고 쉬는 시간에!

'지우기'에 속한 일들도 마찬가지로 꼭 하고 싶다면 다음 쉬는 시간을 이용하도록 안내한다.

이처럼 아이젠하워 매트릭스를 이용하면 학생들은 자신이 지금 이 순간에 무슨 일을 먼저 해야 하는지 한눈에 확인할 수 있다. 교실 벽면에 아이젠하워 매트릭스를 그려놓고 포스트잇으로 학생들이 해야 할 일과 하고 싶은 일을 분류에 따라 붙여놓는다면, 학생들에게 일일이 왜 그 행동을 지금 하지 않는 것이 좋은지에 대해 설명하지 않고도 손쉽게 안내할 수 있다.

🔦 생각해 보기

교사가 일방적으로 긴급도와 중요도를 정할 경우 학생들은 반발하는 마음이 들 수 있다. 학생들과 교사의 기준은 서로 다를 수 있기 때문에 학생들과 충분한 논의가 필요하다. 학생의 눈높이에서 할 일들을 점검하고, 무조건 못 하게 하기보다 적절한 대처 방안과 합의점을 찾아가보도록 하자.

KEY POINT 📖

① 수업에서 가장 중요한 것이 무엇인지 기준을 함께 논의해 보자.
② 학생들의 할 일 목록을 다양하게 수집해 보자.
③ 아이젠하워 매트릭스에 따라 일관성 있게 지도하자.

CHECK POINT ✒

내 수업을 듣는 학생들의 할 일 목록을 다양하게 수집해 보세요. 그리고 학생들과 함께 아이젠하워 매트릭스에 따라 할 일을 분류해 봅시다.

생각지 못했던 할 일에는 무엇이 있나요?

* _____

내 수업에서 가장 중요한 것은 무엇인가요?

* _____

	중요도 높음
계획 세우기	**하기**
긴급도 낮음 **지우기**	**넘기기** 긴급도 높음
	중요도 낮음

27
습관 바꾸기
좋은 습관을 만드는 효과적인 방법

많은 사람이 다이어트나 공부, 운동, 책 읽기 등 다양한 영역에서 목표를 이루기 위해 지속적으로 행동을 바꾸고 싶어 한다. 하지만 아무리 대단한 결심과 목표를 가졌다고 할지라도 3일이 지나면 열정과 목표가 사그라들고 익숙했던 예전으로 돌아가고 싶은 경우가 대부분이다.

나쁜 습관을 줄이고 좋은 습관을 만들어야 한다는 것은 누구나 알지만 쉬운 일이 아니다. 특히 수업을 위한 습관은 학습에 큰 영향을 준다. 좋은 습관을 만드는 효과적인 방법을 몇 가지 소개한다.

1. 동기보다는 쉽게 할 수 있는 환경을 만들자.

동기는 여러 가지가 충돌될 수 있다. 공부를 잘하고 싶은 마음과 쉬고 놀고 싶은 마음이 부딪힐 수 있다. 이렇게 상충하는 동기는 오히려 심리적으로 어렵게 만들기도 한다.

습관은 어떤 신호에서부터 시작하기 때문에 쉽게 행동할 수 있는 주변 환경을 만드는 것이 중요하다. 공부하고 싶은데 바로 뒤에 침대가 있다면 눕고 싶다는 동기의 신호를 자극할 것이다. 공부에 집중할 수 있는 책상과 조명만 있다면 방문을 열고 나가는 것보다 공부하겠다는 동기에 관한 생각이 들 수 있다. 커피 대신 물을 마시고 싶다면 내 주변에 커피잔이 아닌 물병을 놓아보는 것이다.

2. 아주 작게 시작해 보자.

원하는 목표가 있다면 행동을 축소하고 하기 쉽게 만들어야 한다. 거대한 목표에서 훨씬 작은 단위로 행동을 쪼개는 방법이다. 예를 들어 '매일 책 읽기'가 목표라면 첫 번째 목표는 책을 펴는 것으로 스타트 단계를 세워보자. 그다음 기대 행동에는 '한 단락 읽기'처럼 아주 작은 단위를 설정하는 것이다.

우리는 과정을 해내고 있다는 느낌을 받을 때 큰 만족감을 느낀다. 허들을 낮게 만들어서 쉽게 넘어보는 경험을 반복하는 것이 중요하다. 그래야 행동을 강화하고 목표에 대한 설정을 높여갈 수 있다.

3. 기존 일과에 새로운 습관을 끼워 넣어라.

습관은 매일 반복해야 한다. 매번 반대되는 동기와 환경의 저항을 뚫어야 한다. 이 저항을 뚫고 같은 일을 반복하기 위해서는 장치가 필요하다. 현재 내가 하고 있는 일상에 새로운 습관을 끼워 넣는 것이다. 반복적으로 이미 하는 일상에 습관을 쌓는다면 훨씬 수월할 것이다. 새롭게 신호를 찾거나 변화시키는 것보다 더 쉽게 행동할 수 있을 것이다. 예를 들어, 아침에 일어나서 물 마시는 일상 뒤에 물컵을 내려놓고 1분간 명상하는 것을 목표로 세워보자. 물을 마시면서 자연스레 다음 행동에 대해 생각하게 되고 습관이 될 수 있는 확률이 높아질 것이다.

한 줄 수업 정리 습관 노트

과목 수업이 끝날 때마다 수업에서 배운 중요한 내용이나 기억에 남는 내용을 한 줄로 정리하여 기록하는 활동이다. 수업이 끝날 때마다 이를 반복하면 바른 학습 습관이 형성되도록 유도할 수 있다.

이럴 때 좋아요!

- 학생들이 자기 주도적으로 배움을 정리하도록 하게 할 때
- 수업 시간에 배운 내용을 오래 기억에 남게 하고 싶을 때
- 바른 학습 습관을 길러주고 싶을 때

활동 방법

1 수업을 마치면 바로 한 줄 수업 정리 습관 노트를 꺼낸다.
2 교과와 주제를 적고 배운 것 중에서 기억나는 내용을 한 줄로 적는다.
3 1교시부터 마침 교시까지 배운

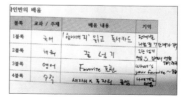

내용을 정리하고 교사에게 확인받는다.

4 매일, 매시간 꾸준히 반복하여 습관으로 가져갈 수 있도록 한다.

기대 효과

- 배운 내용을 상기하며 복습할 수 있다.
- 중요한 내용이 무엇인지 찾는 능력을 기를 수 있다.
- 내용을 요약하는 방법을 배울 수 있다.
- 정보와 지식을 자신의 언어로 정리하는 습관을 기를 수 있다.

활동 tip

- 한 문장 쓰기가 어려운 초등 저학년은 단어로 쓰는 것도 가능해요.
- 중요한 내용을 놓치지 않도록 교사가 자세히 살펴보고 피드백을 해주면 좋아요!
- 매 수업 시간을 마칠 때 한 줄 수업 정리 습관 노트를 쓸 수 있도록 시간을 주세요.
- 학습 목표를 그대로 따라 쓰기보다 본인의 말로 정리할 수 있도록 독려해 주세요.

수업 시간에 활용하기

- 수학 : 중요 공식, 연산 과정 기록하기
- 국어 : 작품에 대한 감상, 언어기법 기록하기
- 다양한 과목 : 주요 학습 목표 및 내용 기록하기

나쁜 수업 습관 지우기

수업 시간에 하는 습관 중 고치고 싶은 것을 기록하고, 자신의 수업 습관을 점검한다. 고치고 싶은 나쁜 습관 대신 내가 할 수 있는 대체 습관을 적어보는 활동이다.

이럴 때 좋아요!

- 학생들이 자신의 수업 태도를 스스로 점검해 보도록 할 때
- 수업 시간 중 나쁜 습관을 고쳐야 할 때
- 수업 시간 중 좋은 습관을 칭찬하고 싶을 때

활동 방법

1 현재 내가 수업 중에 하고 있는 일상적인 습관을 작성한다.

2 수업 중에 하는 좋은 습관과 나쁜 습관을 구분하여 표시한다.

3 나쁜 습관, 즉 고치고 싶은 습관을 적는다.

4 나쁜 습관을 대체하는 방법으로 작은 습관을 적어본다. (예 : 교과서 모퉁이에 낙서하는 것 → 문제를 풀기 전에는 필통에서 연필 꺼내지 않기)

기대 효과

- 자신의 수업 태도와 습관을 점검할 수 있다.
- 고치고 싶은 습관을 개선하는 기회를 가질 수 있다.
- 수업 시간에 더 집중할 방법을 고민할 수 있다.

활동 tip

- 스스로 본인의 습관을 모를 수 있으니 짝과 서로 말해 줄 수 있는 시간을 가져보도록 해요. 이때 상대방이 불편해하지 않도록 설명 하기로 해요.
- 목표한 것이 잘 보이게 책상이나 게시판에 게시해요.
- 목표한 대로 고치고 싶은 습관들을 개선한다면 보상을 해줘도 좋아요.

수업 시간에 활용하기

- 자신을 평가하는 도구로 활용하기

좋은 수업 습관 30일 챌린지

수업 시간에 필요한 좋은 습관을 30일 동안 실천하여 익숙해질 수 있도록 하는 활동이다.

이럴 때 좋아요!

- 학기 초 학급 규칙을 세울 때
- 학생들이 좋은 습관을 꾸준히 갖기 원할 때
- 학생들이 나쁜 습관을 고치기 원할 때

활동 방법

단계	과정	주의 사항
1단계	내가 기대하는 습관 적어보기	구체적으로 기대하는 습관을 적는다. (예 : 손들어 발표하기, 수업 시간 미리 준비하기, 고운 말 사용하기, 감사 노트 쓰기)
2단계	사소한 습관 세우기	아주 작고 쉽게 시작할 수 있도록 행동 단위를 쪼갠다. (예 : 감사 노트 쓰기 → 감사 노트 펼치기)
3단계	30일간 다짐한 내용 실천하기	다짐한 내용을 실천하고 프로젝트 활동지에 성공/실패를 표시한다.
4단계	평가하기	30일간 챌린지를 마치면 평가와 함께 보상을 제공한다. (예 : 10일 단위로 부모님이 응원 메시지 써주기, 모든 학생이 30일 챌린지 성공 시 과자 파티)

30일 습관 만들기 프로젝트 활동지

만들고 싶은 습관	스타트 단계	행동의 습관
글씨 잘 쓰기	감사 노트 펴기	딱 한 줄! 정성껏 쓰기
핸드폰 사용 줄이기	핸드폰을 눈과 손에서 멀리하기	9시에는 핸드폰을 저장소에 두기 (또는 부모님께 맡기기)
준비물 챙기기	알림 보기 (냉장고에 알림 보기 스티커)	가방에 넣어 신발장 앞에 놓기

습관 만들기 리스트 예시

기대 효과

- 지식이 쌓이고 학습 향상에 도움이 된다.
- 활동이 익숙해지면 시간이 줄어들고 생산성이 높아진다.
- 긍정적인 경험으로 긍정적인 자아 형성을 할 수 있다.
- 주위 사람들의 긍정적인 피드백으로 좋은 관계가 만들어진다.

활동 tip

- 실패하더라도 다시 도전할 수 있도록 독려해요.
- 처음부터 무리한 습관보다 단계적으로 올릴 수 있도록 도와주세요.
- 습관 고치기를 강요하기보다 스스로 습관을 설정할 수 있게 도와 주세요.

수업 시간에 활용하기

- 학급 세우기 : 학급이 함께 실천할 수 있는 긍정적인 습관 세우기
- 팀 빌딩 : 수업 팀 프로젝트로 30일 습관 챌린지 함께 실천하기

습관 끼워넣기

이미 고착화된 습관에 연결해서 다음 습관을 쉽게 떠올리고 실천할 수 있도록 하는 활동이다.

이럴 때 좋아요!

- 습관 만들기를 어려워하는 학생이 있을 때
- 새로운 습관 형성을 조금 더 쉽게 하기를 원할 때

활동 방법

1 새로 만들고 싶은 습관을 적어본다.
2 매일 하고 있는 습관의 앞이나 뒤에 새로운 습관을 붙여 연결고리를 만든다.

나는	예) 1교시가 마치고 난	후에	예) 물 한 컵을 마실	것이다.
나는		후에		것이다.
나는		후에		것이다.

기대 효과

- 나에게 필요한 긍정적인 습관을 계획할 수 있다.
- 이미 기존에 하고 있는 습관에 연결하기 때문에 쉽게 떠올릴 수 있다.
- 습관들을 연결하여 한 번에 여러 좋은 습관들을 실천할 수 있다.

활동 tip

- 이미 익숙한 습관을 먼저 찾아야 해요.

- 매우 구체적인 시간, 장소, 행동을 정하도록 해요. (예 : 나는 학교에 오면 내 자리에서 오늘 할 일을 작성할 것이다.)

수업 시간에 활용하기

- 과목마다 필요한 작은 습관 세우고 실천하기
- 음악 : 노래 부르기 전 심호흡 3번 하기
- 수학 : 평가에서 어려운 문제가 나오면 일단 다음 문제로 넘어가기

나만 몰랐던 수업 비밀 27

1판 1쇄   2024년 4월 15일
지은이   김대권

펴낸이   윤을식
펴낸곳   도서출판 지식프레임
출판등록   2008년 1월 4일 제 2023-000024호
전화   (02)521-3172
팩스   (02)6007-1835
이메일   editor@jisikframe.com
홈페이지   http://www.jisikframe.com

ISBN   979-11-982213-5-3 (03370)